Marcus X. Schmid

111 Orte im Herzen des Jura, die man gesehen haben muss

Mit Fotografien von Michel Riethmann

111

emons:

Bibliographische Informationen der Deutschen Nationalbibliothek
Die Deutsche Nationalbibliothek verzeichnet diese Publikation in der Deutschen Nationalbibliografie; detaillierte bibliografische Daten sind im Internet über http://dnb.d-nb.e abrufbar.

Gestaltung: Eva Kraskes, nach einem
Konzept von Lübbeke | Naumann | Thoben
Kartografie: altancicek.design, www.altancicek.de
Kartenbasisinformationen aus Openstreetmap,
© OpenStreetMap-Mitwirkende, ODbL
Druck und Bindung: Grafisches Centrum Cuno, Calbe
Printed in Germany 2022
ISBN 978-3-7408-1364-2

Vorwort

Wasser, Wälder und Weiden bestimmen das Landschaftsbild des französischen wie des schweizerischen Jura und damit auch einen Teil dieses Buchs. Dem Wasser begegnen wir in den unterschiedlichsten Formen: in Seen, Flüssen und Weihern, Quellen und Kaskaden. Wasser ist für Schluchten und Grotten verantwortlich. Was die Wälder anbelangt, so hat im Val-de-Travers die Forstwirtschaft eine lange Tradition. Hier wurde im 19. Jahrhundert das Konzept des Plenterwalds zum ersten Mal auf Schweizer Boden realisiert, die Natur dankt dem Tal mit dem höchsten Baum des Landes. Weiden schliesslich finden wir auf beiden Seiten der Grenze. Im französischen Jura grasen fast ausschliesslich Montbéliard-Kühe, sie sind die Lieferantinnen des Comté-Käses, einer Spezialität der Region. Auf der schweizerischen Seite kommen Gruyère und Tête de Moine auf die Käseplatte. Der aus roher Kuhmilch hergestellte Vacherin Mont-d'Or wiederum ist wie der Berg, nach dem er benannt ist, binational.

Im Jura haben einige Berühmtheiten das Licht der Welt erblickt: auf französischer Seite der Maler Gustave Courbet und der Chemiker Louis Pasteur, auf schweizerischer Seite der Architekt und Stadtplaner Le Corbusier sowie Louis Chevrolet, der Begründer der gleichnamigen Automarke – beide sind in der Uhrenstadt La Chaux-de-Fonds geboren. Neben dem berühmten Personal der Geschichte haben auch unbekannte Zeitgenossen beiderlei Geschlechts einen Platz in diesem Buch bekommen: Künstler und Kunsthandwerker, Spirituosenproduzenten, Näherinnen, ein Weinbauer, ein Koch und viele andere.

111 Orte im Herzen des Jura, 111 Geschichten, 111 Bilder. Mein besonderer Dank gilt dem Freund und Fotografen Michel Riethmann, der nicht nur sein Metier versteht, sondern auch die Gegend wie seine Westentasche kennt. Auf unseren gemeinsamen Touren hat er mit seinen zahlreichen Vorschlägen dieses Buch wesentlich bereichert.

111 Orte

1 Das Labor von Pasteur

Impfen, Wein analysieren, pasteurisieren

Louis Pasteur (1822–1895), Chemiker und Physiker, ist heute in erster Linie als Pionier der Mikrobiologie und des Impfens bekannt. Er forschte über Infektionskrankheiten, infizierte und impfte Hunde, Hühner und Kaninchen, bis er schliesslich der Fachwelt einen Impfstoff gegen die Tollwut beim Menschen vorstellte. Die Nachwelt ist ihm dankbar. Zeitlebens war Pasteur jedoch umstritten. Ein zentraler Disput unter den Chemikern und Mikrobiologen galt der Frage, ob Leben auch aus toten Organismen hervorgehen könne oder lebende Organismen voraussetze. Pasteur vertrat letztere Meinung und setzte sich durch. Seine Theorie fusste grösstenteils auf seinen Recherchen über die Gärung von Wein, bei denen ihn Jules Vercel, ein Jugendfreund, der als Weinbauer reüssierte, tatkräftig unterstützte. Heute gilt Louis Pasteur auch als Pionier der wissenschaftlichen Önologie. Seine Studien über die Gärung von Alkohol führten nebenbei zum Konservierungsverfahren, das heute unter dem Begriff Pasteurisierung bekannt ist. Die pasteurisierte Milch kam erst nach seinem Tod auf den Markt, geht aber auf seine bahnbrechenden Arbeiten zurück.

Seine Jugend verbrachte Pasteur in Arbois, später kehrte er regelmässig in sein Elternhaus zurück, in dem er selbstverständlich auch ein Labor unterhielt, für heutige Besucher des Maison de Louis Pasteur der interessanteste Raum des Hauses: Ampullen mit Weinproben, Impfstoffe gegen Cholera bei Hühnern, Milzbrand bei Schafen, Rotlaufseuche bei Schweinen, Blutproben von tollwütigen Kaninchen und mehr. In einer Nebenkammer steht ein Inkubationsofen, in dem Pasteur die Bakterien auf ihre Widerstandskraft bei erhöhter Temperatur untersuchte … Der Laie ist schnell überfordert, ihm bleibt nur das Staunen.

Die anderen Räume des Hauses – Vestibül, Schlafgemächer, Speisesaal – sind weniger aufregend – und an Pasteurs Billardtisch darf leider nicht gespielt werden.

Adresse 83 Rue de Courcelles, 39600 Arbois | Anfahrt von Pontarlier Richtung Dijon, in Salins-les-Bains links abzweigen, insgesamt 55 Kilometer | Öffnungszeiten Mitte Mai–Okt. täglich 9.30–12.30 und 14–18 Uhr | Tipp Das Bistrot des Claquets, 33 Place Faramand, serviert eine solide regionale Küche (So/Mo geschlossen).

2 Die Bienenzucht

Arbeiterinnen im Dienst der Menschheit

In erster Linie ist «L'Abeille du Haut-Doubs» (Die Biene des Haut-Doubs), wie sich der Ort nennt, ein Verkaufsladen für Honig und Honigderivate und als solcher an der Überlandstrasse gut positioniert. Doch Bienenzüchter Nicolas Pagnier schaut über den ökonomischen Tellerrand hinaus. Er hat in der ersten Etage des Hauses ein kleines Museum eingerichtet, in dem die Besucher vieles über seine arbeitsamen Insekten erfahren.

Am meisten beeindruckt die Präsentation der lebenden Bienen. Sie schwirren aufgeregt draussen vor dem geschlossenen Fenster hin und her, bevor sie durch eine Glasröhre ins Museum verschwinden, wo man sie in einer Vitrine beim Wabenbau beobachten kann – eine architektonische Meisterleistung auf kleinstem Raum. Ausführlich wird erklärt, was in einem Bienenstock alles passiert, bis der Mensch seinen Honig bekommt. Gläser aus aller Welt – von China bis Tahiti, von Polen bis Guadeloupe – dokumentieren die weltweite Präsenz der Bienenzucht, ebenso eine Auflistung von mehr oder weniger klugen Sprichwörtern rund um die Biene aus aller Herren Länder. Eine beachtliche Sammlung von Bienenkörben aus zwei Jahrhunderten, aus Holz und aus Stroh, schliesst den Museumsbesuch ab, die Fortsetzung findet im Shop statt.

Dort dürfen verschiedene Honige getestet werden: auf Basis von Akazie, Linde, Tanne und mehr. Auf den richtigen Geschmack gekommen, sind die neugierigen Besucher schnell potenzielle Käufer. Wer dem puren Honig nichts abgewinnen kann, der lässt sich vielleicht vom 14-prozentigen Hydromel verführen, dem mythischen Getränk der Kelten. Gesunder ist der von Naturheilkundlern geschätzte zähflüssige Propolis-Sirup mit einem Gehalt von 20 Prozent der harzigen Substanz, mit der die fleissigen Bienen die Löcher in ihrem Stock abdichten. Oder tun Sie etwas für Ihre Beauty: In der Kosmetikabteilung findet sich der Honig in Shampoos, Seifen und Salben für Hände und Lippen.

Adresse La Creuse, Route d'Ornans, 25520 Aubonne | Anfahrt von Pontarlier 12,5 Kilometer Richtung Besançon, dann links abbiegen und auf der D67 noch 3 Kilometer | Öffnungszeiten Mitte April–Mitte Sept. Mo–Sa 9–12 und 14–18 Uhr | Tipp Auf der D67 in aufregender Höhe über der Nouailles-Schlucht bis Mouthier-Haute-Pierre weiterfahren: Das schmucke Dorf ist in ganz Frankreich für sein Kirschwasser bekannt.

3 Der Tête de Moine

Wie ein Mönchskopf geschoren

Seinen Ursprung hat der «Tête de Moine» (Mönchskopf) in Bellelay. Dort beschäftigten sich die Mönche des Prämonstratenserklosters bereits im 12. Jahrhundert mit der Herstellung von Käse. Pro Mönch wurde eine bestimmte Anzahl von Käselaiben gelagert, die galten als Zahlungsmittel. Bald zählte man nicht mehr die Käselaibe, sondern die Köpfe der Mönche und zahlte in «Mönchsköpfen». Eine andere Theorie erklärt den Namen damit, dass beim Abhobeln der verbleibende Käsezylinder zunehmend an die Tonsur eines Mönchs erinnert. Das Bild stimmt, die Theorie leider nicht.

Der Tête de Moine, der in Bellelay heute in einem kleinen Dokumentationszentrum gewürdigt wird, hat einige Änderungen erfahren, bis er als Halbhartkäse aus roher Kuhmilch 2011 mit dem AOP-Label (geschützte Ursprungsbezeichnung) geadelt wurde. War der Käse früher noch hart und wurde mit einem Messer mehr oder weniger dünn geschnitten, so kommt heute die «Girolle» zum Einsatz: ein Holzteller mit einem metallenen Stift, der den Mönchskopf durchbohrt. Eine Kurbel lässt ein scharfes Messer um den Käse kreisen, die hauchdünn abgeschabten Tranchen rollen sich zu Rosetten, und der Tête de Moine entwickelt seinen vollmundigen Geschmack.

Die Girolle, die heute so selbstverständlich zum Tête de Moine gehört, dass er ohne sie gar nicht mehr aufgetischt wird, wurde von ihrem Erfinder 1981 für den Schweizer Markt patentiert. Das Patent lief 2001 aus, seither wird sie weltweit, vor allem aus Asien, importiert und ist in Supermärkten zu finden. Im Maison de la Tête de Moine von Bellelay kann man eine in der Schweiz produzierte Girolle erwerben, den rund 800 Gramm schweren Mönchskopf natürlich dazu – in Reifestadien von drei bis acht Monaten, gelagert auf Fichtenholz. Den Käsezylinder auf das Gerät stecken, ein bisschen kurbeln, und schon entfaltet sich eine Blume. Eleganter lässt sich Käse nicht servieren.

Adresse Le Domaine 1, 2713 Bellelay | ÖV Bahnhof Tavannes, dann Bus 41, Haltestelle Bellelay Le Domaine | Öffnungszeiten Mi–So 10–18 Uhr | Tipp Zehn Kilometer östlich steht mitten in der Landschaft der spiralförmige Tour de Moron, ein Werk des Schweizer Stararchitekten Mario Botta.

4 Die Absinth-Trocknerei

Eine aussergewöhnliche Holzhütte

Das Holzhaus, eher ein grosser Schuppen, ist heute im Besitz des Regionalmuseums, das die Geschichte des Tals dokumentiert. Das Val-de-Travers ist die Wiege des Absinths, und der heute unter Denkmalschutz stehende Schuppen aus dem Jahr 1893 verdankt seine Existenz der berüchtigten Spirituose.

Das «Séchoir à absinthe» diente der Trocknung der für den Absinth unerlässlichen Pflanzen: Grosser Wermut, Kleiner Wermut, Ysop, Minze und Melisse. Diesem Zweck entspricht auch die Bauweise des nach Süden ausgerichteten Schuppens. Die Fensterläden sollen den Sonneneinfall auf die Pflanzen verhindern, aber eine Durchlüftung zulassen. Das Gebäude war noch keine 20 Jahre alt, als in der Schweiz der Absinth verboten wurde. In der Folge wurde die Absinth-Trocknerei in verschiedener Weise zweckentfremdet, zeitweise von der Schweizer Armee in Beschlag genommen, und als man im Tal eine Epidemie befürchtete, wurden hier prophylaktisch schon einmal Särge gestapelt. Dass unter dem Giebel Wäscheleinen gespannt wurden, kam dem ursprünglichen Zweck noch am nächsten.

Im Parterre hat das Museum landwirtschaftliche Geräte untergebracht, womit es sich von anderen ländlichen Museen nicht unterscheidet. Interessanter ist die Ausstellung in der ersten Etage, wo das spezielle Zubehör für die Absinth-Produktion zu sehen ist, auch ein Alambic (Destillierapparat) fehlt nicht. Da früher der Absinth in Holzfässern gelagert wurde, kommt auch das Handwerk des Küfers ausgiebig zu Ehren.

Heute hängen im zweiten Stock wieder Garben von Wermut, allerdings sind sie längst ausgetrocknet. Vor dem Absinthverbot wurde im Val-de-Travers die Hälfte aller Wermutpflanzen auf dem Gemeindeboden von Boveresse angebaut. Vielleicht deshalb hiess die Spirituose, die heute als «Grüne Fee» berühmt ist und von den Einheimischen «la bleue» (die Blaue) genannt wird, in ihrer Geschichte auch einmal «Tee von Boveresse».

Adresse Route de Môtiers 1a, 2113 Boveresse | **ÖV** Bahnhof Môtiers, von dort eine knappe Viertelstunde zu Fuss | **Öffnungszeiten** Mai–Okt. am 1. So des Monats 14–17 Uhr | **Tipp** Ganz in der Nähe destilliert an der Rue du Quarre 10 La Valote Martin (Direktverkauf und Besichtigung siehe www.absinthe-originale.ch).

5 Die Eishöhle von Monlési

Ein natürlicher Kühlschrank mitten im Wald

Eishöhlen gibt es einige im Jura, in der Regel liegen sie ziemlich versteckt. Das gilt auch für die «Glacière de Monlési», die grösste unter ihnen. Sie befindet sich etwas abseits der Strasse nach La Brévine, das wegen seiner winterlichen Kälterekorde auch als «Sibirien der Schweiz» bezeichnet wird. Mitten im Wald öffnet sich ein tiefes Loch, auf dessen Grund rund 6.000 Kubikmeter Eis liegen. Genauer gesagt handelt es sich um drei Schächte, die rund 20 Meter unter der Erde in eine gemeinsame Eishöhle münden.

Wissenschaftler sprechen von einem adiabatischen Prozess. Vereinfacht erklärt: Im Winter dringt kalte Luft in die Höhle und verdichtet sich, das Wasser, das durch die Felsspalten dringt, gefriert. Im Sommer vermag der Unterschied zwischen kalter Höhlen- und warmer Aussenluft die Verdichtung nicht rückgängig zu machen. Es bildet sich eine Kaltluftfalle, in der das Eis gefangen bleibt. Die Eismasse variiert leicht zwischen Winter und Sommer, verschwindet aber nicht. Daran wird auch die Klimaerwärmung nicht so schnell etwas ändern.

Der Abstieg in den grössten der drei Schächte ist bis auf die halbe Höhe möglich, aber nicht ungefährlich. Sich an einem Drahtseil festhaltend, gelangt man auf einem steilen Pfad bis zu einem Balkon, von da führt eine Leiter hinunter zu Schnee und Eis. Eine Fortsetzung der Exkursion zum unteren Ende der anderen beiden Schächte, wo man Stalagmiten und Stalaktiten aus Eis bewundern könnte, verbietet sich anhand der extremen Rutschgefahr von selbst. Einzig Speläologen, ausgerüstet mit Bergschuhen, Helm, Steigeisen, Seil, Stirnlampe und einer guten Kondition, gehen das Wagnis ein. Vergebens ist der Wanderer trotzdem nicht hierhergekommen. Auch wer trotz Hilfe des Drahtseils angesichts des rutschigen Bodens die erste Etappe scheut, wird die senkrechte Felswand, die mitten im Wald in einem gähnenden Loch verschwindet, furchterregend genug finden.

Adresse 2113 Boveresse | ÖV Bahnhof Fleurier, dann Bus 383, Haltestelle Les Sagnettes, 500 Meter Richtung La Brévine, vom Parkplatz links noch 20 Minuten zu Fuss | Tipp Die Fromagerie des Sagnettes verkauft nicht nur einen biologisch hergestellten Gruyère, sondern auch Spirituosen aus der eigenen Destillerie.

6 Die Linde der Katholiken

Zwei im Baum versteckte Marien

Von Môtiers im Val-de-Travers nach Montbenoît am Doubs braucht der Autofahrer 40 Minuten. Der fromme Pilger des Mittelalters nahm sich fünf Stunden mehr Zeit; er begab sich auf den «Vy aux Moines» (Weg zu den Mönchen), der heute als Wanderweg die beiden ehemaligen Abteiorte verbindet. Im Wald über Boveresse begegnete er einer mehr als ein halbes Jahrtausend alten Linde, die als «Tilleul des catholiques» bekannt ist. Sie ist – wenn auch nicht unter diesem Namen – urkundlich erstmals 1567 verbürgt; es ging dabei um die Abgrenzung zweier Waldstücke. Der Baum, der wegen seiner vielen Nachbarn etwas Mühe hat, sich wie eine prächtige Dorflinde zu entfalten, zeigt immerhin einen kräftigen Stamm. Er hat bislang Wind und Wetter getrotzt, aber doch einige Narben abbekommen. Über dem Wurzelwerk ist eine gewaltige Einbuchtung zu sehen, einer Nische nicht unähnlich.

Im Mittelalter stand in diesem von der Natur gebauten Wegstock eine Madonna. Die Pilger machten halt, zündeten eine Kerze an, knieten nieder und beteten. Mit der Reformation Neuenburgs, die von einem veritablen Bildersturm begleitet war, verschwand auch die verehrte Marienstatue.

Heute wird auf dem Vy aux Moines eher gewandert als gepilgert, die alte Linde steht aber noch – und Maria ist gleich doppelt zurückgekehrt. Eine kleine, eingeklemmte Holzplatte mit einem darauf geklebten Papier zeigt eine Madonna mit Kind im Stil der Ikonenmalerei, daneben steht beziehungsweise hängt an einem Faden eine betende Madonnenfigur, wie sie jeder Devotionalienladen eines Marienklosters im Regal stehen hat. Von frommeren Wanderern stammen vermutlich die Reste von Kerzenwachs und die behutsam hingelegten Steine zu Mariens Füssen. Weniger fromme Wanderer werfen immerhin einen neugierigen Blick auf die Gebetsnische im Baumstamm und zücken die Kamera. Aber auch ohne die beiden Marien ist die alte Linde ein schönes Motiv.

Adresse 2113 Boveresse | **ÖV** Bahnhof Fleurier, dann Bus 383, Haltestelle Boveresse Gare, die Strasse Richtung Le Locle hochgehen, kurz nach der Überquerung der Bahnlinie links dem roten Schild «Montbenoît» folgen, nach circa 100 Metern rechts Holzschild «Sentier du Tilleul des Moines», insgesamt circa 15 Minuten | **Tipp** Den Pilgerweg weitergehen: Über den Lac de Taillères erreicht man in etwas mehr als drei Stunden La Brévine, von dort geht es mit dem Bus 383 zurück nach Fleurier.

7 Der Angus-Automat

Zartes aus dem Kühlfach

Bei Feinschmeckern geniesst das Angus-Rind einen guten Ruf. Die von Natur aus hornlosen Tiere mit ihrem gedrungenen Körperbau sind robust und liefern ein sehr zartes Fleisch. Das wenige Fett verteilt sich in feinen Äderchen, sodass sich die Aromen im Entrecôte oder Steak besser verteilen können.

Christian Robert, der in fünfter Generation den Familienbetrieb übernahm, spezialisierte sich 1994 auf die Aufzucht von schwarzen Rindern der Rasse Aberdeen Angus. Heute weiden hier rund 50 Mutterkühe, umgeben von Kälbern und einem jungen Stier, der mitten in der Herde lebt. Künstliche Besamung kommt für Christian nicht in Frage. Das ist nur eines seiner ethischen Prinzipien, aus denen sich seine Philosophie zusammensetzt. Ein weiteres ist, dass nicht gedopt wird, die Tiere bekommen nur zu fressen, was sie auf der heimischen Wiese vorfinden, Blumen und Gras, im Winter Heu vom eigenen Land, biologische Produktion ist selbstverständlich. Endstation ist aber auch für die Angus-Rinder der Schlachthof. Der einzige des Kantons Neuenburg liegt zum Glück im benachbarten Les Ponts-de-Martel, 15 Minuten nach Verlad werden die Tiere dort getötet. In der kurzen Zeit kann kein Stress aufkommen, wie es bei langen Transportwegen die Regel ist.

Bleibt natürlich die Frage, wie das zarte Fleisch vom Produzenten zum Konsumenten kommt. Einen Supermarkt zu beliefern und sich womöglich von diesem abhängig zu machen, stand für Christian nie zur Debatte. So tingelte er anfänglich von Tür zu Tür und gewann mit der Zeit eine Stammkundschaft, der er das Fleisch vorbeibrachte. 2020 fand er mit dem «Angus-Automaten» eine bessere Lösung. Rund 70 einsehbare Fächer, deren Temperatur regulierbar ist, stellen den Kunden vor die Wahl zwischen Entrecôte, Filet, Zunge, Hackfleisch und was das Angus-Rind sonst noch alles hergibt. Ein Teil ist tiefgefroren, ein anderer frisch. Christian kontrolliert regelmässig und füllt nach.

Adresse Vers-chez-Charrue 2, 2318 Brot-Plamboz | **Anfahrt** zwischen Travers und Noiraigue nach La Chaux-de-Fonds abzweigen, kurz vor Brot-Dessus auf der linken Strassenseite | **Tipp** Die Strasse zu Ende fahren, dort lädt «Les Bouleaux» ein. Abel ist ein begnadeter spanischer Koch und serviert neben Schweizer Gerichten auch Spezialitäten aus seiner Heimat (Mo geschlossen).

8 Der Aussichtsturm

Der Balkon über dem Balkon

Johann Heinrich Pestalozzi, berühmtester Pädagoge seiner Zeit, verbrachte im Jahr 1817 einige Wochen in Bullet, die Querelen um die Leitung seines Instituts in Yverdon hatten ihn Nerven gekostet. Hier oben konnte er sich erholen. Dazu setzte er sich am liebsten auf einen einsam in der Wiese stehenden Felsbrocken und blickte hinunter auf den 700 Meter tiefer gelegenen See mit der Alpenkette im Hintergrund.

Der Felsblock steht noch da, eine Gedenktafel erinnert an Pestalozzi, doch ein Elektrozaun hindert die heutigen Besucher daran, es dem Pädagogen gleichzutun und sich auf den Stein zu setzen. Das brauchen sie auch nicht, denn vom Aussichtsturm «La Grand'Vy» auf der anderen Strassenseite ist der Rundblick noch aufregender.

Nur 13,40 Meter hoch ist die 2018 eingeweihte Holz-Glas-Konstruktion, deren Aussichtsplattform aus einem über zwei Seiten laufenden Balkon besteht. Die 51 Holzstufen, auf denen die Namen der vielen Sponsoren vermerkt sind, sind schnell bewältigt, und schon steht man auf dem Balkon über dem «Balcon du Jura», wie die Gegend hier ihrer einmaligen Aussicht wegen genannt wird. Bei schönem Wetter ist das Panorama tatsächlich atemberaubend: unten der Neuenburgersee mit dem Städtchen Yverdon sowie der Murtensee, rechts in weiter Entfernung der Genfersee. Dahinter – bei Föhn zum Greifen nah – zieht sich die auf ihren Gipfeln verschneite Hochgebirgskette vom Säntis in den Appenzeller Alpen bis zum Mont-Blanc-Massiv.

Da wirkt im Rücken des Betrachters der nahe Chasseron, der mit seinen 1.607 Metern zu den höchsten Juragipfeln zählt, eher beschaulich. Doch dem grünen Bild aus Juraweiden und Wäldern drohen Grautöne. Ein Windpark mit 15 Windrädern ist geplant, die Stromlobby hat mit ihren Kosten-Nutzen-Kalkulationen die betroffenen Gemeinden überzeugt. Landschaftsschützer sind entsetzt, doch ihre Anliegen haben in den ökonomischen Überlegungen keinen Platz.

Adresse Route de Mauborget, 1453 Bullet | Anfahrt von Sainte-Croix Richtung Mauborget, 300 Meter nach dem Ortsausgang von Bullet | Tipp Beim Paral'Aile Café im nahen Mauborget starten Gleitschirm- und Deltaflieger. Anfänger können Tandemflüge wagen (www.airfly.ch).

9 Das Centre Ming Shan

Meditation mit Hightech-Unterstützung

Der flache Bau des 2019 eröffneten Centre Ming Shan steht auf dem «Balkon des Juras». Oft liegt an sonnigen Tagen der Neuenburgersee unter einer Nebelwolke, dahinter zeigen sich spektakulär die Gipfel der Alpenkette, und oben strahlendes Blau. Man befindet sich irgendwo zwischen Himmel und Erde und ist damit mental gut vorbereitet für einen Kurs im Centre Ming Shan, dem grössten taoistischen Zentrum Europas.

Schliesslich sind auch im taoistischen Weltbild Himmel und Erde zentrale Bezugspunkte, zwischen denen der Mensch seinen Platz finden muss. Das breit gefächerte Kursangebot von Ming Shan gilt generell der gesundheitlichen Prävention, wozu die richtige Ernährung ebenso zählt wie eine mentale Stärkung. Für Letztere wird auch die Technik der Meditation eingesetzt, und hier kommt eine Weltneuheit ins Spiel, die zusammen mit der Eidgenössischen Technischen Hochschule Lausanne (EPFL) entwickelt wurde, die «Ming Shan Digital Experience», eine computergestützte Meditation.

Drei farbige Statuen symbolisieren die wichtigsten Prinzipien der taoistischen Lehre. Vor jeder dieser drei Gottheiten wird eine runde Holzscheibe platziert, auf der sich die Meditierenden im Schneidersitz niederlassen. Ein breiter schwarzer Gürtel wird ihnen umgeschnallt, auf drei Finger der rechten Hand werden Kuppen gesetzt, während ihr Kopf sich in einem «Lichtring» befindet, der in wechselnden Farben verschieden stark aufleuchtet. Auf Knopfdruck beginnt die 35 Minuten dauernde Séance. Eine sanfte, betörende Musik erfüllt den Raum, Licht und Klang wechseln je nach den biometrischen Signalen, die von den Meditierenden ausgesandt werden. Während sie sich ihren Empfindungen überlassen, denken die kreativen Konstrukteure der futuristischen, durchaus ästhetischen Installation schon weiter, zum Beispiel an die Entwicklung interaktiver Möbel, die das Wohlbefinden auch nicht meditierender Zeitgenossen unterstützen.

Adresse Chemin de l'Étoile Polaire 3, 1453 Bullet | **Anfahrt** von Sainte-Croix Richtung Mauborget, am Ortsausgang von Bullet | **Öffnungszeiten** Voranmeldung Mo, Mi–Fr 9–12 Uhr unter Tel. 024/5522111; Kurse unter www.mingshan.ch | **Tipp** Die Panoramaterrasse des Grand Hôtel des Rasses, eines Belle-Époque-Baus im Nachbarort Les Rasses, lädt zum Essen oder auch nur zum Trinken ein.

10 Der Absinthbrunnen

Wo sich die Grüne Fee versteckt

Das Val-de-Travers rühmt sich, die Wiege des Absinths zu sein, dieser Spirituose auf Wermutbasis, die im 19. Jahrhundert die Pariser Bohème begeisterte. Anis sorgt dafür, dass das Getränk – mit Wasser vermischt – sich eintrübt, und je nachdem, welche Kräuter beigemischt wurden, kann es eine grünliche Farbe annehmen. Deshalb wird der Absinth auch Grüne Fee genannt. Eine grüne Fee posiert auf zahlreichen Flaschenetiketten, und gelegentlich sieht man sie auch als stark stilisierte Figur mit grünem Kleid und grüner Spitzmütze – entworfen vom Fotografen des vorliegenden Buchs. Grün oder nicht, die Einheimischen nennen ihr Getränk «la bleue» (die Blaue).

Nachdem das Absinthverbot in der Schweiz 2005 nach fast 100 Jahren aufgehoben wurde, wird er in jedem Restaurant oder Café des Tals angeboten – oder man sucht ihn in der freien Natur. An einigen versteckten Stellen im Wald findet sich ein «Absinthbrunnen». Die Konstruktion ist denkbar einfach: Ein aufgeschnittener und ausgehöhlter Baumstamm, wie er oft als Viehtränke dient, wird über einer Quelle platziert, diese muss nur noch angezapft und ein Brunnenstock gemauert werden, schon sprudelt aus der Röhre das Wasser. Die Besonderheit des Absinthbrunnens liegt im Brunnenstock. In diesen wird ein kleiner Holzschrein eingelassen, und hier hat sich die Grüne Fee versteckt.

Wer den Schrein öffnet, findet eine Flasche Absinth und einen Stapel Plastikbecher. Ein Viertel Absinth, drei Viertel Wasser – so das übliche Verhältnis – «Prost»! Im Schrein ist eine kleine Kasse angebracht. Ist die Flasche leer, so findet der freundliche Destillateur hoffentlich genügend Geld darin, um eine nächste hinzustellen. Fünf Franken sind angemessen, im Café ist der Absinth wesentlich teurer, und das Wasser kommt aus der Küche, nicht aus der Quelle. Auch an Kinder wird gedacht, für sie steht neben der Grünen Fee eine Flasche Sirup.

Adresse Chemin de la Robella, 2115 Buttes | **ÖV** Bahnhof Buttes, dann 1,2 Kilometer Richtung La Robella, kurz vor dem Waldrand kleine Parkmöglichkeit rechts, Absinthbrunnen links | **Tipp** Fährt man die Strasse weiter, erreicht man nach vier Kilometern den freundlichen Berggasthof La Robellaz.

11 Die Baume de Longeaigue

Wasserwege im Bergesinneren

Nur ein kurzer Spaziergang von der Strasse, und schon steht man inmitten uralter, hoher Tannen vor einer beeindruckenden Kulisse: Die Felsen fallen senkrecht ab, und wie ein drohender Schlund zeigt sich der Eingang zur Baume de Longeaigue – «baume» ist eine alte, heute seltene Bezeichnung für eine Höhle. Spektakulärer noch ist der verwunschene Ort nach der Schneeschmelze oder nach kräftigem Regenfall, wenn sich vor und neben dem Höhleneingang das Wasser mit tosendem Lärm in zwei breiten Kaskaden ins Becken zu Füssen des Spaziergängers ergiesst. Bei Trockenheit hingegen steht das Becken leer. Dann bleibt nur noch die Hoffnung auf ein verdächtiges Rauschen im Karstgestein, das – so behaupten die Einheimischen – ein sicheres Vorzeichen für lang anhaltenden Regen ist.

Die Baume de Longeaigue, die zu den grössten Höhlen im Kanton Neuenburg zählt, ist schon seit dem 18. Jahrhundert bekannt. In der zweiten Hälfte des 20. Jahrhunderts wurde sie dann gründlich erforscht, ausführlich beschrieben und akribisch kartografiert. Das Wasser, das über einen Höhenunterschied von rund 100 Metern auf zahlreichen Wegen durch das karstige Gestein fliesst, gestaltet eine eigene Welt, der die Speläologen recht bildhafte Namen gegeben haben: «Speisesaal», «Wartesaal», «Streichholz-Passage», «Passage der Verlieses». Ein steiler «Toboggan» und kleine Seen haben sich gebildet. Höhlenforscher verlassen sich auf ihren Neoprenanzug oder pumpen gleich das mitgebrachte Schlauchboot auf.

Ein Begehen der Baume de Longeaigue ist den mit Seilen, Stirnlampe und Helm, speziellem Overall und rutschfesten Gummistiefeln ausgerüsteten Speläologen vorbehalten. Der Spaziergänger beschränkt sich darauf, die Magie des Orts mit allen Sinnen auf sich wirken zu lassen und packt hinterher sein Picknick aus. Ein Tisch mit zwei Bänken ist vorhanden, sogar an eine bescheidene Feuerstelle wurde gedacht.

Adresse 2115 Buttes | ÖV Bahnhof Buttes, dann 3 Kilometer Richtung Sainte-Croix, kurz vor einem kleinen, ehemaligen Stall rechts ausgeschildert | Tipp Direkt an der Strasse, gegenüber dem vorgenannten Stall, steht die «Tilleul de Longeaigue», eine uralte, weit verästelte Linde – ein beliebtes Fotomotiv.

12 Evologia

Im Dienst der sozialen Integration

Evologia – der Name verbindet Evolution mit Ökologie und steht für die zugrunde liegende Idee dieses umfangreichen Projekts, das die Natur in den Mittelpunkt stellt und gleichzeitig der sozialen Integration verpflichtet ist. Jugendliche, die aus welchen Gründen auch immer auf dem Arbeitsmarkt Schwierigkeiten haben, finden hier eine temporäre Anstellung oder treten gleich eine reguläre Lehre als Landschaftsgärtner, Schreiner oder Koch an.

Besucher des riesigen Geländes finden eine ganze Palette von Attraktionen vor, eingeschlossen Möglichkeiten, selbst aktiv zu werden. Der «Jardidactique» (didaktischer Garten), den man am besten auf dem «Sentier pieds nus» (Barfusspfad) durchstreift, ist in zahlreiche Sektoren aufgeteilt: Gemüse- und Aromagarten, Anti-Stress-Garten, Garten der geometrischen Schnitttechnik, Garten der schönen Einheimischen. Im Park der Strohhütten meckern Ziegen, grunzen Schweine, gurren Tauben. Auf dem Kaninchenhügel finden ausgesetzte Kaninchen ein neues Zuhause, gleich daneben wird eine Imkerei betrieben. Der Reitstall mit eigener Pferdezucht bietet Ausritte an, und wer mit seinem Hund nicht zurechtkommt, kann einen Kurs im Hundeclub «Click'Agil» buchen. Käsefabrikation und Herstellung von Wolle werden demonstriert, oder man lässt sich ins «Neuenburger Kegelspiel» einweisen, dessen Besonderheit eine gebogene hölzerne Kegelbahn ist.

«Natures et Cultures» verspricht Evologia in seinem Logo, beides in den Plural gesetzt. Zu den kulturellen Angeboten zählen neben den zahlreichen Skulpturen auf dem Gelände Konzerte, ein jährliches Jazzfestival und Literaturveranstaltungen, Theateraufführungen, aber auch Mal- und Schreibkurse. Evologia ist ein schier unendlich vielfältiges Unternehmen.

Wer nach dem Besuch Stärkung braucht, setzt sich ins Restaurant «Terrassiette»; dort kommt auf der Terrasse, was die Erde (terre) bietet, auf den Teller (assiette) – bon appétit!

Adresse Route de l'Aurore 6, 2053 Cernier | ÖV Bahnhof Les Hauts-Geneveys, dann Bus 423, Haltestelle Cernier Centre | Öffnungszeiten unterschiedlich, je nach Bereich, Auskunft unter Tel. 032/8893600 | Tipp Versteckt in der dritten Etage an der Rue Comble Emine 1 (beim zentralen Kreisel Richtung Neuchâtel, dann links) bietet Chocolatière Corinne Pauchard eigene süsse Kreationen an (Mo–Fr 9–11.30 und 13.30–17 Uhr).

13__Die Brücke des Saut de Brot

Die wildeste Stelle der Areuse-Schlucht

Zwischen Noiraigue im Val-de-Travers und dem fast 300 Meter tiefer gelegenen Boudry am Neuenburgersee hat die Areuse eine 11 Kilometer lange Schlucht gegraben. Viel Wasser und ein grosses natürliches Gefälle, da drängte sich eine wirtschaftliche Nutzung geradezu auf. In Champ-du-Moulin wurden im 19. Jahrhundert eine Nagelschmiede und eine Pulvermühle betrieben, später kamen in der Schlucht Elektrizitätswerke hinzu. 1887 wurde ein 20 Kilometer langer Aquädukt fertiggestellt, Grundwasser der Areuse wurde vom Werk Les Moyats in die fast 400 Meter höher gelegene Uhrenstadt La Chaux-de-Fonds gepumpt, um dort Industrie und Bevölkerung zu versorgen.

Mit der Mini-Industrialisierung erfuhr auch die Schlucht selbst ein wachsendes öffentliches Interesse. 1878 erkannte der Schokoladen-Fabrikant Philippe Suchard ihr touristisches Potenzial, er eröffnete in Champ-du-Moulin die «Hôtel-Pension du Sentier des Gorges», die heute «Hôtel de la Truite» heisst. Nebenbei setzt er sich dafür ein, dass auf der Eisenbahnstrecke von Auvernier durch das Val-de-Travers nach Pontarlier eine Haltestelle in Champ-du-Moulin errichtet wurde.

Gleichzeitig wurden lokale Vereine aktiv, die – vom umtriebigen Philippe Suchard unterstützt – die Schlucht für Fussgänger zugänglich machen wollten. 1880 war es so weit: Der Weg von Champ-du-Moulin nach Noiraigue konnte eröffnet werden. An der engsten Stelle der Schlucht überquerte eine Passerelle aus Metall das Wildwasser, sie wurde 1891 durch die heutige Steinbrücke ersetzt – das beliebteste Fotomotiv der Areuse-Schlucht. Wer sich der Brücke von Champ-du-Moulin nähert, sieht sie plötzlich zwischen den Bäumen auftauchen. Steht er dann vor ihr und hört das Tosen des Wassers, so kommt an der wildromantischen Stelle ein Gefühl der Ehrfurcht auf.

Adresse 2149 Champ-du-Moulin | ÖV Bahnhof Champ-du-Moulin, vor der Areuse rechts den Wanderweg einschlagen, circa 30 Minuten | Tipp Das renovierte «Restaurant des Communes» im Ortszentrum von Rochefort führt nicht nur eine gute Speisekarte, es betreibt auch einen Shop mit regionalen Produkten (Mi und Sonntagabend geschlossen).

14 Das Hôtel de la Truite

Ein Schokoladenkönig hat die Nase im Wind

Ein Weiler in der Areuse-Schlucht, den sich zwei Gemeinden teilen: Die Bahnhaltestelle und die paar Häuser am linken Ufer gehören zu Brot-Dessous, das «Hôtel-Restaurant de la Truite» am rechten Ufer zur Seegemeinde Boudry. Wer sagt, er sei in Champ-du-Moulin gewesen, meint in der Regel das Restaurant, in dem er vorzüglich gegessen hat.

Philippe Suchard, Gründer der Schokoladenfabrik im nahen Serrières, hatte das touristische Potenzial der Örtlichkeit erfasst und verfügte auch über die nötigen Mittel, hier ein Hotel hinzustellen, das 1878 unter dem Namen «Hôtel-Pension du Sentier des Gorges» eröffnete. Nach einem Umbau wurde 1898 daraus das «Hôtel de la Truite». Die Geschäfte liefen offenbar gut, 1903 kam gegenüber ein Gebäude hinzu, das sogenannte Arsenal, das vor allem als Konzertsaal diente. 1906 ergänzte der grosse Festsaal, über dessen Eingang heute der Schriftzug «Grande Salle de l'Hôtel» prangt, das Ensemble. Als Folge der weltweiten Wirtschaftskrise wurden die Hotelzimmer 1930 aufgegeben; das Arsenal, daher der Name, wurde zeitweise von der Armee genutzt. Seit einer umfassenden Renovierung 2013/14 stehen wieder acht Zimmer zur Verfügung. Einzig das Arsenal ist geschlossen beziehungsweise bis auf Weiteres an einen Trödelhändler vermietet. Der Festsaal hingegen mit seiner denkmalgeschützten Fassade erstrahlt wie zu Zeiten der Belle Époque. Bis zu 100 Personen können hier tafeln, ideal für Firmenanlässe und Hochzeiten.

Das Gros der Besucher von Champ-du-Moulin kommt jedoch nicht wegen des Festsaals, sondern um hier in traumhafter Lage auf der Terrasse zu speisen. Kenner studieren das Menu nicht lange, schliesslich ist das Hotel für die namensgebende Forelle (truite) in der ganzen Region bekannt: Sie kommt blau oder auf Müllerinart auf den Tisch, als Filet mit Kräutern oder mit Mandeln. So oder so ist ein Neuenburger Weisswein der ideale Begleiter.

Adresse 2149 Champ-du-Moulin | ÖV Bahnhof Champ-du-Moulin | Öffnungszeiten Feb.–Mitte Dez. täglich durchgehend, im Winter Mo und Di nur morgens 7–9 und abends 18–23 Uhr | Tipp Am anderen Ufer informiert das Maison de la Nature mit einer kleinen Dokumentation über die Gegend und zeigt in der ersten Etage wechselnde Kunstausstellungen.

15 Der Dino-Zoo

Im Reich der schröcklichen Tiere

Auf ein paar Millionen Jahre mehr oder weniger kommt es nicht an, wenn man die Zeit eingrenzen will, in der Riesenechsen – zweibeinige Fleisch- oder vierbeinige Pflanzenfresser – durch den Jura stampften. Vor 200 bis 143 Millionen Jahren entstand das Faltengebirge des Juras, Geologen nennen dieses Zeitalter «Jura». 152 Millionen Jahre alt sind die über 500 Dinosaurier-Fussabdrücke, die 2002 beim Bau einer Autobahn im Schweizer Kanton Jura entdeckt wurden. Die Dinosaurier im Dino-Zoo stehen also auf einheimischem Boden.

Beruhigend: Im Gegensatz zum Tyrannosaurus Rex in Steven Spielbergs «Jurassic Park» jagen die Ungetüme im bewaldeten Gelände des Dino-Zoos dem Besucher keinen Schrecken ein, daran ändert auch die künstliche Geräuschkulisse nichts. Der stachelbewehrte Euoplocephalus und der riesige Diplodocus mit seinem extrem langen Schwanz wie auch der Parasaurolophus waren trotz ihres schrecklichen Aussehens harmlose Pflanzenfresser. Der Dimorphodon, ein Flugsaurier mit scharfen Zähnen, beschränkte sich auf die Jagd nach Fischen und Insekten, Menschen gab es damals noch nicht. Die zahnlose Kannemeyeria steht so plump und verloren da, dass man Mitleid mit ihr bekommen könnte. Dafür, dass die Phantasie an die Realität zurückgebunden wird, bürgt Frédéric Pittet. Er ist Paläontologe und wissenschaftlicher Berater des Dino-Zoos, dessen Bewohner aufgrund der wissenschaftlichen Forschung unter Zuhilfenahme von digitaler Technologie und 3-D-Druck gestaltet wurden.

Auch Kinder staunen über die urzeitliche Fauna. Noch mehr Vergnügen bereitet ihnen aber die Fahrt im Miniboot auf dem Megalodon-River, einem Kanal mit Wasserfällen. Dass sie dabei durch das Skelett eines urzeitlichen Hai-Rachens sausen, merken sie vor Aufregung gar nicht. Auf die ganz Kleinen warten die «galoppierenden Dinos», die freundlich auf und ab wippend auf einer Schiene durch die Landschaft gondeln.

Adresse 1 Rue de la Préhistoire, 25620 Charbonnières-les-Sapins | Anfahrt von Pontarlier 34 Kilometer Richtung Besançon, dann links auf die D492, ausgeschildert | Öffnungszeiten sehr unterschiedlich, siehe www.dino-zoo.com | Tipp In der Nähe von Durnes stürzt die Cascade de Vau in die Tiefe, ein Wasserfall in wunderbarer Natur.

16_Die Todesleitern

Ausser Atem

Todesleitern – das klingt ziemlich gefährlich, und natürlich kreisen einige mörderische Legenden um den Ort. Aber seit 1898 die alten Holzleitern durch eine Metallkonstruktion und später durch stabile Treppen ersetzt wurden, ist kein Unfall mehr dokumentiert, es sei denn, man betrachtet einen im Zweiten Weltkrieg angeschossenen Schmuggler als Opfer eines solchen. Der Mann lieferte Uhren nach Frankreich. Die Schmuggeltradition über den Doubs reicht hier bis ins 17. Jahrhundert zurück. Nachdem der französische König die Franche-Comté annektiert hatte, wurden der Bevölkerung rigide Steuern auferlegt. Folge: Salz, Tabak und Alkohol wurden aus der Schweiz zum Doubs hinuntergeschafft, wo man die Grenze mühelos überqueren konnte, und an den steilen Felsen entlang nach Frankreich hochgetragen. Angeblich wurden primitive Holzleitern ad hoc montiert, demontiert und im Gebüsch versteckt, um etwaige Verfolger abzuschütteln. Später nahm der Schmuggel auch den umgekehrten Weg. Französische Bauern, die als Zubrot Bestandteile für Schweizer Uhrmacher produzierten, verkauften ihre Ware in La Chaux-de-Fonds, wo sie ihre Einnahmen nicht selten in Freudenhäusern verschleudert haben sollen.

Heutige Besucher schaffen den Aufstieg über drei steile Metalltreppen – ein ebenso atemberaubendes wie atemraubendes Abenteuer. Da helfen nur Verschnaufpausen. Wer den Weg bis zum Plateau geschafft hat, wird mit einem phantastischen Panorama über die Landschaft belohnt. Wer die Todesleitern nicht wieder hinuntersteigen will, findet für die Rückkehr eine Alternative über Le Bois de la Biche; der Weg ist blau und gelb markiert.

Gelegentlich erblickt man beim Aufstieg auch Menschen, die über waghalsige Brücken von einem Felsen zum nächsten gelangen. Sie haben sich für den 2008 eröffneten Klettersteig (Via Ferrata) entschieden, der neben Schwindelfreiheit eine professionelle Ausrüstung erfordert.

Adresse Mortier, 25140 Charquemont | **Anfahrt** von La Chaux-de-Fonds Richtung Maîche, circa 4 Kilometer nach der Grenze rechts abzweigen, ausgeschildert | **Tipp** Gegenüber, am Schweizer Ufer, steht die Ruine der 1893 abgebrannten Moulin de la Mort (Todesmühle), zu Fuss von der Schweiz aus zu erreichen.

17 Der Cirque de Consolation

Tröstende Jungfrau in wilder Natur

Im Vergleich mit dem berühmten Cirque du Creux du Van, der Felsenarena über dem Val-de-Travers, ist der Cirque de Consolation im französischen Jura optisch weniger spektakulär. Der Felsen ist nicht so nackt und wuchtig, dafür ist er bewaldet und birgt Grotten und Quellen. Die Wasser vereinigen sich zum Dessoubre, der sich im 33 Kilometer nordöstlich gelegenen Saint-Hippolyte in den Doubs ergiesst.

Im Zentrum der paradiesischen Naturlandschaft steht das Kloster von Consolation-Maisonnettes, hervorgegangen aus einer Kapelle aus dem 15. Jahrhundert, die der tröstenden Jungfrau Maria gewidmet war, in der Umgebung hausten einige Eremiten. Das Kloster stammt aus dem 17. Jahrhundert und zählte, als die französischen Revolutionäre es konfiszierten, gerade noch vier Mönche. Später wurde es der Kirche zurückgegeben und diente noch bis 1978 als Seminar für Missionare. Heute ist es im Besitz eines Vereins, der sich um eine umfassende Renovierung bemüht und nebenbei einen kleinen Restaurationsbetrieb unterhält.

Besucher der Örtlichkeit sind in erster Linie Wanderer, die von hier aus auf zahlreichen Wegen zu den Quellen und Wasserfällen des Felsenkessels vordringen. Sportlich weniger Ambitionierte betreten durch einen Triumphbogen, der nichts anderes ist als ein früherer Eingang zur Kirche, den kleinen botanischen Garten. Er ist leider etwas vernachlässigt, auch ihm würde eine Restaurierung gut anstehen, schliesslich rühmt sich der Cirque de Consolation zu Recht einer vielfältigen Flora.

Nicht ausbleiben konnte, dass in den Felsen auch ein Klettersteig (Via Ferrata) eingerichtet wurde. Mittlerweile wurde er wegen Gefahr geschlossen. Vielleicht blüht dasselbe Schicksal auch der 500 Meter langen Seilrutsche (Tyrolienne), die auf 120 Meter Höhe den Felsenkessel überquert. Schade wär's nicht – Naturliebhaber lassen sich im Cirque de Consolation die Nerven ohne Adrenalinstoss kitzeln.

Adresse 25390 Consolation-Maisonnettes | Anfahrt von Morteau auf der D461 nach Norden, nach 12 Kilometern in Les Geys du Milieu rechts abbiegen, dann noch 6 Kilometer, ausgeschildert | Tipp Vom Roche du Prêtre hat man einen grossartigen Blick auf den Cirque de Consolation. Aufstieg vom Kloster zu Fuss in 90 Minuten oder mit dem Auto zurück nach Les Geys du Milieu, dann der Beschilderung folgen.

18 Die Täuferbrücke

Rätselhafte Inschriften

Von der 1835 errichteten Steinbrücke existiert nur ein einziges Foto: Zwei Männer stehen vor einem toten Pferd in der Schlucht, oben auf der Brücke die Gaffer. Der spektakuläre Unfall ereignete sich 1918, ein Reiter war mitsamt Pferd von der bereits ramponierten Täuferbrücke gestürzt. Sechs Jahre später brach sie unter der Last eines Holzfuhrwerks endgültig zusammen, ohne dass ein Fotograf zugegen gewesen wäre; ihre Überreste sind noch sichtbar.

Urkundlich erwähnt wird der «Pont des Anabaptistes» (Täuferbrücke) erstmals 1755 – eine Holzkonstruktion an der engsten Stelle der Schlucht, die alle paar Jahre repariert werden musste. Heute führt die Strasse etwas weiter oben von einer Talseite auf die andere. Fussgänger gehen seit 2010 über eine Passerelle und gelangen von der Westseite in die Schlucht hinunter.

Ihren Namen verdankt die Brücke den Täufern, auch Wiedertäufer oder Mennoniten genannt, einer im 16. Jahrhundert in Zürich entstandenen religiösen Bewegung, der die Reformen Zwinglis nicht weit genug gingen. In Bern und anderswo wurden die Abtrünnigen verfolgt oder gar hingerichtet. Der Bischof von Basel hingegen erlaubte ihnen, auf dem jurassischen Gebiet seines Bistums zu siedeln – allerdings nur auf mindestens 1.000 Meter Höhe.

In Corgémont hielten sich die Täufer an die bischöfliche Vorschrift. Auf über 1.100 Meter Höhe betrieben sie Bauernhöfe in abgeschiedener Lage dies- und jenseits der Schlucht, in der Dämmerung sollen sie sich unter der Brücke zum Gottesdienst getroffen haben. Möglicherweise stammen von ihnen auch die verwitterten Inschriften und Symbole auf den Felsbrocken in der Schlucht, die bis heute nicht dechiffriert sind. Lesbar ist immerhin die Jahreszahl 1633. Ob die frommen Flüchtlinge schon damals im Berner Jura ansässig waren, ist umstritten. Nicht umstritten hingegen ist, dass einige Kritzeleien von Touristen stammen, die meinten, sich in die Geschichte der Täuferbrücke einschreiben zu müssen – Vandalen.

Adresse 2606 Corgémont | **Anfahrt** von La Chaux-de-Fonds Richtung Biel, vor dem Ortsende von Corgémont rechts dem Schild «Bocciodrome» folgen, dann immer bergauf, weiter oben «Pont des Anabaptistes» ausgeschildert | **Tipp** Unterstützung fanden die Täufer beim Dorfpfarrer von Corgémont, Charles-Ferdinand Morel. Sein Denkmal steht an der Hauptstrasse Richtung Cortébert.

19__Camille Bloch

Andere fusionieren, das Familienunternehmen nicht.

Die Schweizer Schokolade geniesst internationalen Ruf, den sie hauptsächlich Chocolatiers aus dem 19. Jahrhundert verdankt, deren Unternehmen später oft fusionierten oder von grösseren Konzernen übernommen wurden. Suchard gehört heute Mondelēz International, ebenso Tobler, Produzent der berühmten «Toblerone», der süssen Panzersperre im Kleinformat. Und natürlich mischt auch Nestlé, weltweit die Nummer eins der Lebensmittelkonzerne, mit.

1929: Während Nestlé sich das Westschweizer Schokoladen-Trio Cailler, Kohler und Peter einverleibt, gründet im selben Jahr Camille Bloch in Bern seine Firma. Drei Verkäufer arbeiten für ihn, von denen einer seine Ware auf dem Berner Waisenhausplatz feilhält. Bei Abnahme von fünf Schokoladentafeln werden dem Käufer ein paar Hosenträger mit eingepackt. Weltweite Wirtschaftskrise, zunehmender Antisemitismus nicht nur in Deutschland, sondern auch in der Schweiz – die Grosswetterlage ist für den Unternehmer Bloch, zumal er Jude ist, nicht gerade günstig. Trotzdem kauft er 1934 im jurassischen Courtelary eine stillgelegte Papierfabrik, und mitten im Krieg – Kakao ist Mangelware – gelingt ihm 1942 der grosse Wurf. Er ersetzt Kakao durch Haselnüsse, die teure Schokolade wird gleichsam nur noch zur Einkleidung des Produkts verwendet: «Ragusa» ist geboren. Der Haselnuss-Schokoriegel ist bis heute das Flaggschiff der Chocolaterie Camille Bloch. Die später erfundene schwarze «Torino», zum zartbitteren Schokoriegel weiterentwickelt, erwies sich bald als weiterer Bestseller.

Seit 2017 empfängt die Chocolaterie, heute in dritter Generation von Daniel Bloch geführt, in einem schicken Besucherzentrum. Dort werden die Produkte in einladender Form präsentiert, und selbstverständlich wird die süsse Ware auch verkauft. Über dem Eingang steht in grossen Lettern «La Chocolaterie à croquer» geschrieben, eine «Schokoladenfabrik zum Reinbeissen». So ist es.

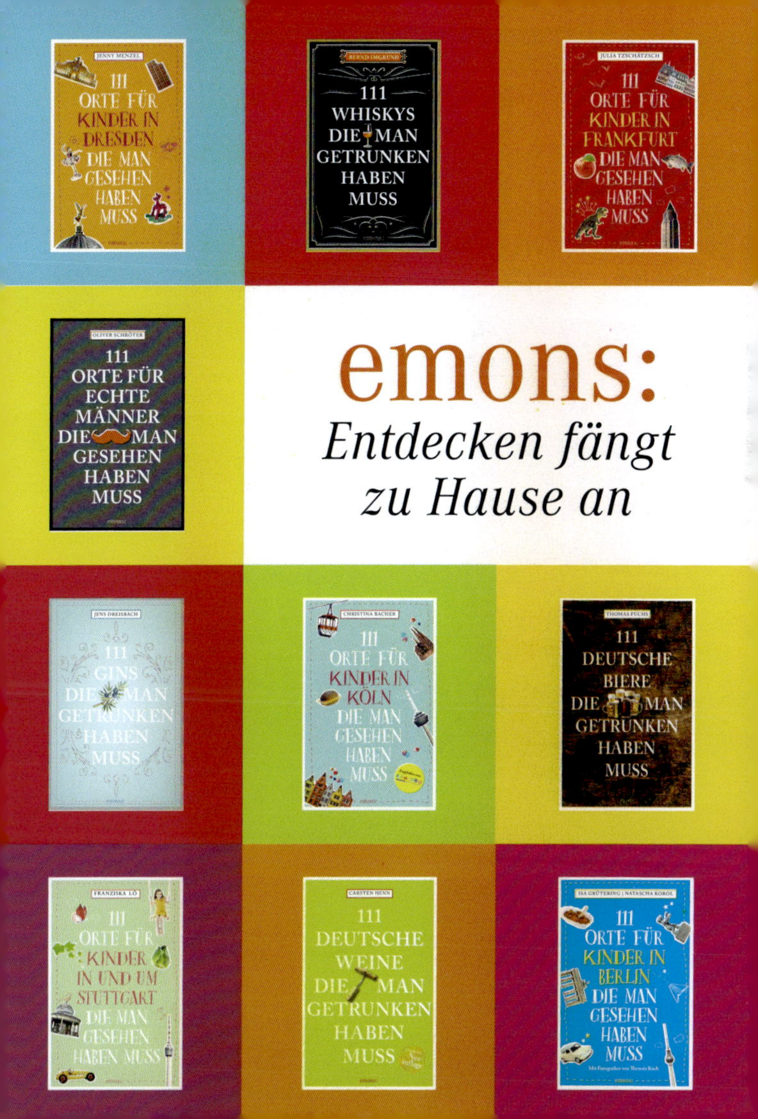
JENNY MENZEL
111 ORTE FÜR KINDER IN DRESDEN DIE MAN GESEHEN HABEN MUSS
BERND IMGRUND
111 WHISKYS DIE MAN GETRUNKEN HABEN MUSS
JULIA TZSCHÄTZSCH
111 ORTE FÜR KINDER IN FRANKFURT DIE MAN GESEHEN HABEN MUSS
OLIVER SCHRÖTER
111 ORTE FÜR ECHTE MÄNNER DIE MAN GESEHEN HABEN MUSS
emons:
Entdecken fängt zu Hause an
JENS DREISBACH
111 GINS DIE MAN GETRUNKEN HABEN MUSS
CHRISTINA BACHER
111 ORTE FÜR KINDER IN KÖLN DIE MAN GESEHEN HABEN MUSS
THOMAS FUCHS
111 DEUTSCHE BIERE DIE MAN GETRUNKEN HABEN MUSS
FRANZISKA LÖ
111 ORTE FÜR KINDER IN UND UM STUTTGART DIE MAN GESEHEN HABEN MUSS
CARSTEN HENN
111 DEUTSCHE WEINE DIE MAN GETRUNKEN HABEN MUSS
ISA GRÜTERING | NATASCHA KOROL
111 ORTE FÜR KINDER IN BERLIN DIE MAN GESEHEN HABEN MUSS

ISBN 978-3-7408-0571-5
€ D 16,95/€ A 17,50

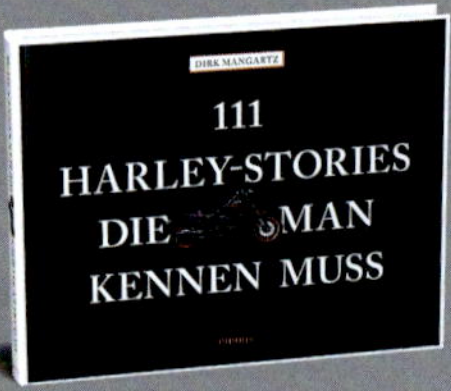

ISBN 978-3-7408-0939-3
€ D 25,00/€ A 25,70

ISBN 978-3-7408-0680-4
€ D 25,00/€ A 25,70

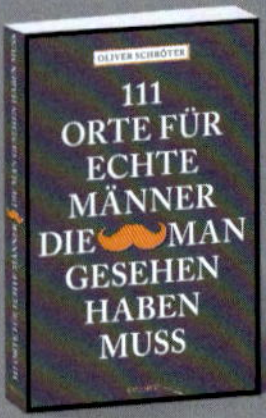

ISBN 978-3-7408-0735-1
€ D 16,95/€ A 17,50

UNSERE 111ER FÜR ECHTE MÄNNER

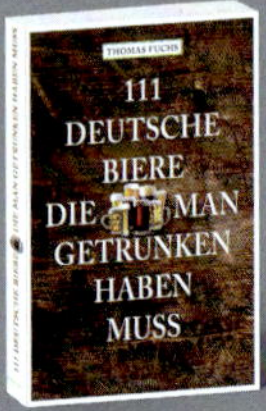

ISBN 978-3-95451-414-4
€ D 16,95/€ A 17,50

ISBN 978-3-95451-465-6
€ D 16,95/€ A 17,50

ISBN 978-3-7408-0242-4
€ D 16,95/€ A 17,50

ISBN 978-3-95451-912-5
€ D 25,00/€ A 25,70

ISBN 978-3-7408-0938-6
€ D 25,00/€ A 25,70

ISBN 978-3-7408-1069-6
€ D 16,95/€ A 17,50

CARSTEN HENN
111
DEUTSCHE
WEINE
DIE MAN
GETRUNKEN
HABEN
MUSS

KATJA JOSTEIT
111
ORTE FÜR
KINDER
IN KIEL
DIE MAN
GESEHEN
HABEN
MUSS

MARTIN DROSCHKE | NORBERT KRINES
111
FRÄNKISCHE
BIERE
DIE MAN
GETRUNKEN
HABEN
MUSS

CHRISTINA BACHER
111
ORTE FÜR
KINDER IN
KÖLN
DIE MAN
GESEHEN
HABEN
MUSS

CORNELIA KUHNERT
111
ORTE FÜR
KINDER
IN UND UM
HANNOVER
DIE MAN
GESEHEN
HABEN
MUSS

JENS DREISBACH
111
GINS
DIE MAN
GETRUNKEN
HABEN
MUSS

BERNADETTE NÉMETH
111
ORTE FÜR
KINDER
IN WIEN
DIE MAN
GESEHEN
HABEN
MUSS

BERND IMGRUND
111
WHISKYS
DIE MAN
GETRUNKEN
HABEN
MUSS

PRISKA LACHMANN
111
ORTE FÜR
KINDER
IN LEIPZIG
DIE MAN
GESEHEN
HABEN
MUSS

OLIVER SCHRÖTER
111
ORTE FÜR
ECHTE
MÄNNER
DIE MAN
GESEHEN
HABEN
MUSS

Adresse Grand-Rue 21, 2608 Courtelary | **ÖV** Bahnhof Courtelary | **Öffnungszeiten** Di–So 9.30–18 Uhr | **Tipp** In der Nachbargemeinde Cormoret wurde eine Mühle aus dem 17. Jahrhundert zum «Salon de Musique» umgebaut. Es werden Konzerte gegeben, gelegentlich auch in Kombination mit einem Menu (www.lesdm.ch).

20 Das Atelier Fil

Ein handfestes Engagement mit Nadel und Faden

Die 2015 in Fleurier als Sozialprojekt gegründete Schneiderwerkstatt engagiert sich für Personen, die «vorübergehend in einer schwierigen Lage» sind, wie es die Direktorin des Atelier Fil ausdrückt. 2019 fand das Unternehmen geeignetere Räume in Couvet und erweiterte sein Angebot um eine Wäscherei und einen Secondhandshop. Grösstenteils sind es Frauen, oft Migrantinnen, die vom Sozialamt, den Migrationsbehörden oder der Invalidenversicherung vermittelt werden und hier für eine begrenzte Zeit arbeiten. Das Atelier Fil will ihnen eine berufliche Perspektive aufzeigen, oft geht damit auch eine gesellschaftliche Eingliederung einher. Da gerade bei Migrantinnen die Sprachbarriere als Hindernis hinzukommt, werden auch spezielle Französischkurse angeboten. Ohne Computerkenntnisse steht man auf dem Arbeitsmarkt schlecht da, also auch hier Kurse.

Solidarität und Toleranz werden grossgeschrieben, aber natürlich muss das Unternehmen, für das ein engagiertes Team in Teilzeit arbeitet, auch finanziell abgesichert werden. Sponsoren und Stiftungen zeigten sich vom Konzept überzeugt und spendeten. Wichtiger aber sind Aufträge. Gelegentlich ruft ein Theater an, wenn Kostüme geändert oder repariert werden müssen, ein Hotel gibt regelmässig seine Wäsche zur ökologischen Reinigung ab, und zunehmend wissen auch Privatpersonen das nicht auf Profit ausgerichtete und deshalb preiswerte Atelier zu schätzen, lassen hier Vorhänge säumen oder ein Kleidungsstück abändern. Die Arbeiterinnen an den Nähmaschinen, die auf eine berufliche Zukunft vorbereitet werden, fühlen sich hier wohl. Wenn sie zum Fenster hinausschauen, sehen sie vielleicht die Pferde des Nachbarn grasen. Auch das ist beruhigend.

Durchreisende brauchen nicht unbedingt eine Schneiderei oder Wäscherei. Sie schauen sich im farbigen Secondhandshop um. Das Angebot an Kleidern, Hemden, Schals und Mützen aller Art ist gross.

Adresse Rue de la Gare 16, 2108 Couvet | **ÖV** Bahnhof Couvet, die Grand'Rue hochgehen, beim Kreisel rechts und gleich wieder links | **Öffnungszeiten** Mo–Fr 8–12 und 13.30–17.30 Uhr | **Tipp** Viaduc'deco, ein kleiner Geschenkeladen, liegt ganz in der Nähe (Rue du Bourgeau 3, Di–Fr 14–19 Uhr).

21 Der Corridor aux Loups

Wo grosse Menschen sich den Kopf anstossen

Ein paar Millionen Jahre mehr oder weniger spielen keine Rolle, Geologen sind da nicht so pedantisch. Vor rund 200 Millionen Jahren ist im Gestein des noch nicht fertig herausgebildeten Juras einiges in Bewegung geraten. Es entstanden Falten mit sogenannten Synklinalen und Antiklinalen; Letztere verlaufen oft wellenförmig, und zu ihnen zählen die Wissenschaftler den im Wald über Couvet gelegenen «Corridor aux Loups» (Korridor für Wölfe).

Bei dem geologischen Kuriosum handelt es sich um einen rund 100 Meter langen Gang, der sich wie ein Band am überhängenden Felsen entlangzieht. Zur Bergseite hin hat die Erosion kleine Einbuchtungen geschaffen, die vage an einen steinzeitlichen Unterstand erinnern. Gelegentlich hängt die Felsdecke so niedrig, dass Wanderer den Kopf einziehen. Gross gewachsene Menschen gehen dann besser gleich auf dem Pfad, der einen Meter tiefer parallel verläuft. Im nordöstlichen Teil des Korridors ist man dankbar für die Haltekette an der Decke, über zahlreiche Holzstufen führt der Weg steil hinunter. Er endet bei einer Brücke über den Sucre, der mit Zucker nichts zu tun hat, sondern ein Bach ist, der weiter nach Couvet fliesst und sich dort in die Areuse ergiesst.

Wie der schöne Korridor zu seinem Namen kam, ist nicht bekannt. Jedenfalls wird er schon in Büchern des 19. Jahrhunderts so genannt. Auch eine Postkarte aus dem Jahr 1908, die 2021 zur Versteigerung anstand – zum Mindestpreis von fünf Franken, sie fand keinen Käufer –, ist mit «Couvet, Le Corridor aux Loups» betitelt. Der Wolf galt im Kanton Neuenburg seit Mitte des 19. Jahrhunderts als ausgerottet – bis 2013 zum ersten Mal wieder ein Exemplar auftauchte. Gesichtet wurde der Räuber, der zuvor ein Schaf und einen Hirsch gerissen hatte, zwischen La Brévine und Couvet. Der Felsenkorridor könnte also durchaus in seinem Revier gelegen haben. Wir stellen uns vor, er hätte in einer der Buchten unter dem Schutz des Felsens ein Verdauungsnickerchen abgehalten.

Adresse 2108 Couvet | ÖV Bahnhof Couvet, dann die Grand'Rue hochgehen, beim Kreisel geradeaus (Chemin de Plancemont), weiter hoch bis zur Einmündung in eine grössere Strasse, dort Wanderweg in den Wald, dann ausgeschildert; Rückweg: ab der Brücke auf der kaum befahrenen Asphaltstrasse ins Dorf zurück | Tipp Auch in Couvet wird Absinth produziert: in der Destillerie Artemisia in der Grand'Rue 8.

22 Die Präsidententanne

Ein Lehrstück in nachhaltiger Waldwirtschaft

Die Waldbewirtschaftung hat im Kanton Neuenburg eine lange Tradition. Ein besonderes Verdienst steht dabei Henry Biolley zu, der 1880 als Forstinspektor von Couvet hier sein Konzept einer «forêt jardinée» in die Tat umsetzte. Auf Deutsch hat sich dafür der Begriff Plenterwald eingebürgert: Zu grosse Bäume, die dem Nachwuchs die Sonne stehlen, werden gefällt, sodass Nadelholz verschiedenen Alters nebeneinander wachsen kann. Andere Hölzer, vor allem Buche, Ahorn und Esche, sollen auch gedeihen – ein sich ständig erneuernder Wald, der das ökologische Gleichgewicht behält. Biolley sah es als das vornehmste Privileg des Försters, «das Schöne zu erreichen, indem er das Nützliche sucht, und ein Werk des Nutzens zu tun, indem er ein Werk der Schönheit schafft».

Mitten in diesem seit über 100 Jahren gepflegten Plenterwald steht «le sapin président», die Präsidententanne, ein Titel, der in vielen Juradörfern der höchsten Tanne auf dem Gemeindeboden verliehen wird. Der Präsidententanne von Couvet kommt die Ehre zu, der höchste Baum der Schweiz zu sein. Messungen im Jahr 2018 zufolge strebte die Weisstanne mit 57,70 Metern himmelwärts. Jährlich kommen 15 Zentimeter hinzu, die 58-Meter-Marke dürfte mittlerweile geknackt sein. Der Samen der Präsidententanne keimte im Jahr 1774, sie hat ein respektables Alter.

Im Val-de-Travers ist man stolz auf den Rekord, 2021 informierte die Gemeinde mit einer Pressemitteilung die nationale Medienlandschaft. Eine Antwort kam postwendend aus Gränichen im Kanton Aargau: Die grösste Schweizer Tanne stehe in Gränichen und messe 62 Meter Höhe. Stimmt, doch handelt es sich um Importware, eine Douglas-Tanne aus Amerika, und so präzisierte man in Couvet: Unsere Präsidententanne ist der höchste indigene Baum der Schweiz. Ihr Gesundheitszustand wird übrigens als gut eingestuft. Wenn kein Blitz sie fällt, dürfte sie uns noch lange erhalten bleiben.

Adresse 2108 Couvet | **ÖV** Bahnhof Couvet, dann 1,7 Kilometer auf der Strasse Richtung Creux du Van, in einer Rechtskurve links Waldweg Longue-Mortée zur Präsidententanne | **Tipp** Drei Kilometer weiterfahren, oben führt links ein Strässchen zum Restaurant des Plânes, dem einzigen Berggasthof der Gegend, der ganzjährig geöffnet ist (Mo, Di geschlossen).

23 Die Trockenmauer

Schnörkellos mörtellos

Im Jura begegnet man oft Steinmäuerchen, die sich durch die Weiden ziehen. Manche sind gut erhalten, weil gepflegt, andere sind verwahrlost und der Zerstörung durch Wind und Wetter überlassen. Die sogenannten Trockenmauern dienen der Abgrenzung von Weideflächen, gleichzeitig wird so störendes Steinmaterial sinnvoll genutzt. Die Mauer am berühmten Felsenkessel des Creux du Van ist nach demselben Prinzip gebaut, nur ist sie wesentlich höher und hat eine andere Aufgabe. Sie soll Vieh und Touristen davor schützen, sich versehentlich in den Abgrund zu stürzen. Einzig Steinböcke und Gämsen bewegen sich sicher und elegant in den steilen Felsen.

Früher stand an der Stelle der Mauer ein einfacher Drahtzaun, dann wurden Metallbarrieren diskutiert, schliesslich entschieden sich die Verantwortlichen für eine schmucke Trockenmauer. Der Vorschlag kam von einem Arzt und Naturschützer, der darauf im Rahmen des Service Civil International (SCI) ein Workcamp organisierte. Jugendliche aus zahlreichen Ländern leisteten von 1969 bis 1977 Freiwilligenarbeit, bis die rund zwei Kilometer lange Mauer stand. Dabei wurde die klassische Bauweise der Trockenmauer aus dem 16. Jahrhundert angewandt: flache, tragfähige Grundsteine, darüber Verbindungssteine, dazwischen Füllsteine, darüber Decksteine, die einen regelmässigen Abschluss bilden – ein schnörkelloses Kunstwerk ohne Mörtel.

Heute ist der Mauerweg abschnittsweise gesperrt. Der Creux du Van ist ein touristisches Topziel, die Besuchermassen haben die Flora teilweise zerstört, sodass sie geschützt werden muss, um sich zu erholen. Und schliesslich musste auch die Mauer selbst geschützt werden, damit die in ihr lebenden Eidechsen, Spinnen und Schnecken ihre Ruhe haben Die Mauer sichert die Touristen vor einem Absturz in den Felsenkessel, ein Stacheldraht schützt die mit viel Sorgfalt gebaute Mauer vor vandalisierenden Touristen.

Adresse 2108 Couvet | **Anfahrt** von Couvet aus der Beschilderung Creux du Van folgen | **Tipp** Ein kurzer Spaziergang führt auf den Mont Soliat, der ein atemberaubendes Panorama über die Alpenkette bietet.

24 Der Stein der Gottettes

Rätselhaftes aus der Frühgeschichte der Menschheit

Moosüberwachsene Felsbrocken sind in jurassischen Wäldern keine Seltenheit. Es brauchte schon einen neugierigen Geologen, um den «Pierre des Gottettes» zu entdecken. Professor Gabus von der Universität Lausanne spazierte 1978 in der «Les Gottettes» genannten Gegend durch den Wald. Er wunderte sich über die Form eines Steins, kratzte das Moos weg und stutzte. Die Ritzungen im verwitterten Brocken waren offensichtlich nicht von der Natur, sondern von Menschenhand verursacht. Archäologen wurden auf den Plan gerufen, und schnell war man sich einig: Professor Gabus war auf ein künstlerisches Zeugnis des Neolithikums gestossen. Die Ritzungen werden heute auf ein Alter von mindestens 5.000 Jahren geschätzt.

Die Darstellungen auf dem Stein sind so verwittert, dass der Wanderer ziemlich ratlos davorsteht. Die Erklärungstafel spricht von einem Ineinander von Kreisen, Schalen und Furchen, der Laie sieht eher ein Durcheinander. Die Fachleute vermuten die Darstellung einer Jagdszene, rechts ist immerhin eine menschliche Form zu erkennen, wenn auch sehr rudimentär. Die Figur daneben bereitet den Interpreten mehr Schwierigkeiten. Die einen entdecken einen Hirsch, andere einen Hund, wieder andere ein Wildschwein. Es könnte auch ein Mammut sein. Immerhin wurde in der Nähe von Romainmôtier 1969 das Skelett eines jungen Wollhaarmammuts gefunden.

Auch der Stein selbst wurde wissenschaftlich untersucht. Sicher handelt es sich um einen Findling, den die Eiszeiten hierhertransportiert und die Gletscher bei ihrem Rückzug liegen gelassen haben. Unsicher aber ist, ob es sich um ordinäres Gneisgestein handelt oder doch um einen sonst vor allem im Wallis bekannten Smaragditen. Der Wanderer überlässt diese Diskussion den Spezialisten, freut sich darüber, dass gleich in der Nähe ein Steinkranz eine Feuerstelle markiert, und bedauert, dass er vergessen hat, eine Bratwurst mit einzupacken.

Adresse 1322 Croy | ÖV Bahnhof Croy-Romainmôtier, am westlichen Ortsende von Croy das Strässchen hinuntergehen, nach der Brücke links, bei der nächsten Gabel geradeaus, dann dem Schild «Pierre gravée» folgen, insgesamt circa 30 Minuten zu Fuss | Tipp Ein 15-minütiger Spaziergang führt vom Bahnhof in die Nozon-Schlucht zur Cascade du Dard.

25 La Bonneville

Vom Waldboden verschluckt

Ein Wäldchen wie jedes andere auch, selbst auf den zweiten Blick. Dass unter dem weichen Boden die Überreste eines Städtchens aus dem 13. Jahrhundert schlummern, ist kaum zu glauben. Erste Grabungen fanden im 19. Jahrhundert statt. In den 1990er Jahren dann gingen die Archäologen systematisch vor und förderten Pfeile von Armbrüsten, Münzen und vieles mehr zutage.

La Bonneville, von der Seigneurie von Valangin mit zwei Erdwällen, Gräben und vermutlich auch Palisaden befestigt, bot auf 200 mal 80 Metern laut Schätzungen rund 1.000 Menschen Unterkunft. Das Städtchen war noch keine 100 Jahre alt, als es den kriegerischen Zeiten zum Opfer fiel. Die Herren von Valangin versuchten sich der Herrschaft der erstarkenden Neuenburger zu entziehen und suchten beim Bischof von Basel Beistand, der das Angebot einer Lehensherrschaft über La Bonneville gern annahm. Dies erzürnte Rudolf IV., den Grafen von Neuenburg. Beim nahen Coffrane kam es zu einer Schlacht, bei der die Herren von Valangin unterlagen. Vermutlich um zu verhindern, dass der Basler Bischof seine Rechte über La Bonneville einfordern konnte, wurde das Städtchen 1301 dem Erdboden gleichgemacht, unter dem es heute verschwunden ist.

Wer mit dieser rudimentären geschichtlichen Kenntnis durch das Wäldchen streift, sieht den Waldboden plötzlich mit anderen Augen. Könnte diese lang gezogene Erhebung nicht ein von Menschenhand geschaffener Erdwall sein? Vermeintliche Mauerreste mutieren beim Näherkommen zu Baumstrünken. Doch kann man mit dem Schuhwerk noch so lange im weichen Boden graben – es findet sich nichts mehr, die Natur hat im Verlauf von über 700 Jahren La Bonneville im wörtlichen Sinne beerdigt.

Auch der hübsche Brunnen am Wegrand, bei dem offenbar ein Mühlstein Verwendung fand, gibt keine Geheimnisse preis. Die Quelle, die ihn speist, lieferte vermutlich das Wasser für die Bewohner von La Bonneville.

Adresse 2063 Engollon | ÖV vom Bahnhof Les Hauts-Geneveys mit Bus 423 bis Engollon Village, dann gegenüber der Kirche die Route de Bonneville einschlagen, circa 300 Meter zum Wäldchen | Tipp Vom unteren Ende des Wäldchens sind es auf der Hauptstrasse (Richtung Engollon) 1,5 Kilometer bis zum Moulin de Bayerel. Die alte Mühle am Seyon wurde restauriert und bietet nebenbei eine Unterkunft für Gruppen.

26 Die Dorfkirche

Mit Sorgfalt restauriert

Engollon ist mit rund 100 Einwohnern der kleinste der 15 Orte, die 2013 zur Grossgemeinde Val-de-Ruz fusionierten, spielte jedoch in der Geschichte eine erstrangige Rolle. Davon zeugt noch die Dorfkirche, die im Mittelalter das bedeutendste Gotteshaus des gesamten Tals war, das unter der Herrschaft der Seigneurie von Valangin stand. Mit dem Bau einer eigenen Kirche in Valangin (1505) wurde das Kirchlein von Engollon dann degradiert. Die verloren gegangene kirchengeschichtliche Bedeutung macht es heute mit seinen freigelegten gotischen Fresken wett, die in den 1920er Jahren und dann nochmals 2006/2007 restauriert wurden.

Ursprünglich dürften die Fresken aus dem 13. und 14. Jahrhundert, die an der Nordseite des Chors gut erhalten sind, kräftigere Farbtöne gezeigt haben, heute herrscht ein fahles Ocker und Blaugrün vor. Den Darstellungen tut dies keinen Abbruch. Der gotische Stil, der die Zentralperspektive noch nicht kennt, hat seinen Höhepunkt bestimmt nicht in Engollon erreicht, aber das kümmert den Betrachter nicht. Ist er einigermassen bibelfest, so weiss er die Szenen problemlos zu deuten. Keine Bibelkenntnis verlangt das Deckengewölbe, wo die vier Evangelisten mit ihren Symbolen rund um Christus angeordnet sind, der stark an den Pantokrator (Weltherrscher) der byzantinischen Malerei erinnert.

Wer sich an den Fresken satt gesehen hat, wirft vielleicht noch einen Blick auf das Taufbecken (15. Jahrhundert) mit den beiden Grabplatten am Boden oder auf die Kanzel (17. Jahrhundert), beides Objekte, die im weitgehend nüchternen Kircheninneren wie einzelne Museumsstücke wirken, unauffällig, um den restaurierten Fresken nicht die Schau zu stehlen.

Auch von aussen betrachtet ist das Kirchlein ein Schmuckstück. Mitten im Dorf, ohne dass ihm die wenigen Häuser zu nahe kämen, strahlt es eine Ruhe aus, die nur noch der längst nicht ausgelastete Friedhof zu überbieten vermag.

Adresse Rue de l'Église, 2063 Engollon | ÖV vom Bahnhof Les Hauts-Geneveys mit Bus 423 bis Engollon Village | Tipp 150 Meter weiter an derselben Strasse serviert das Restaurant Terre Ô Fées eine hervorragende regionale Küche (Sonntagabend–Mi geschlossen).

27 Der Friedhof der Anabaptisten

Noch als Tote ausgegrenzt

Als Anabaptisten, Täufer oder Wiedertäufer werden die Christen bezeichnet, denen Luthers und auch Zwinglis Reformen nicht radikal genug waren. Im Sinne eines «wahren Christentums» forderten sie in erster Linie die Abschaffung der Kindertaufe, die für sie einer Zwangsmitgliedschaft in der Kirche gleichkam. Dagegen setzten sie auf den freien Willen des Menschen und plädierten für die Erwachsenentaufe.

In der Schweiz tauchen die Anabaptisten im 16. Jahrhundert in Zürich und vor allem im Berner Raum auf, wo sie meist in Gütergemeinschaft auf sogenannten Bruderhöfen wirtschaften. Der Berner Regierung, die bereits 1528 die Reformation angenommen hat, sind die radikalen Christen ein Dorn im Auge. Sie werden verfolgt, nicht selten auch hingerichtet. Viele Anabaptisten fliehen ins Elsass, wo 1712 der Sonnenkönig Ludwig XIV. per Edikt ihre Vertreibung anordnet. So gelangen einige der frommen Familien in die Franche-Comté. Auch hier sind sie sozial ausgegrenzt, aber immerhin geduldet. Sie leben auf Höfen ausserhalb der Dorfgemeinschaft und reden unter sich ein den Einheimischen unverständliches Alemannisch. Beim Ausbruch des Zweiten Weltkriegs fliehen viele weiter nach Amerika, Kriegsdienst ist mit ihrer christlichen Gesinnung nicht vereinbar.

Die Ausgrenzung aus der Gesellschaft gilt auch für Tote. So unterhalten die Anabaptisten eigene Friedhöfe, die heute meist verwahrlost und verwildert der Natur überlassen sind und abseits der Dörfer liegen. Zu ihnen zählt auch der nicht ausgeschilderte, nur schwer auffindbare Friedhof von Fessevillers. In einem Wäldchen stehen drei verwitterte Grabsteine versteckt, notdürftig geschützt von einer klitzekleinen Ummauerung. Auf dem grössten ist «Ramseier» zu entziffern, ein noch heute im Kanton Bern geläufiger Familienname.

Adresse 25470 Fessevillers | **Anfahrt** von La Chaux-de-Fonds Richtung Delémont, in Saignelégier links nach Goumois abzweigen, auf der französischen Seite oberhalb des Dorfs rechts in die D437B, nach circa 5 Kilometern, noch vor Fessevillers, rechts nach La Charrotte du Bas, bei der Gabel links, dann vor dem ersten Gehöft rechts die Wiese hinunter ins Wäldchen gehen | **Tipp** Im 7 Kilometer entfernten Les Plains-et-Grands-Essarts, oberhalb des Weilers La Mine, liegt ein weiterer Friedhof der Anabaptisten, aber mit nur noch einem Grabstein.

28 Die Galerie Bleu de Chine

Wo Künstler andere Künstler ausstellen

Der Name führt auf den Uhrmacher Édouard Bovet aus Fleurier zurück, der sich von 1818 bis 1830 in China aufhielt und dort einen wachsenden Markt mit seinen Uhren belieferte. Der erfolgreiche Mann wurde in seinem Heimatdorf mit der Rue Bovet-de-Chine geehrt. Dort kauften Adriana und Philippe Ioset eine ehemalige Tischlerei, bauten sie zur Galerie um und strichen das Haus blau an.

Eröffnet wurde die chinablaue Galerie 2003, später machte sie für ein paar Jahre dicht und feierte 2019 nach einem erneuten Umbau ihre Wiedergeburt als Kunst- und Kulturraum. Die meisten ausgestellten Maler und Bildhauer kommen aus der Westschweiz oder dem nahen Frankreich. Was die Gemälde betrifft, so wird fast ausschliesslich abstrakte Kunst gezeigt, die Skulpturen aus Metall, Holz, Keramik oder anderen Materialien können auch figurativ sein. Nutzlos, Bewerbungsdossiers mit Lebenslauf, Pressekritiken und langem Ausstellungsverzeichnis einzureichen, Adriana ist Malerin, Philippe ein der Recycling Art verpflichteter Bildhauer. Die Künstler-Galeristen verlassen sich auf ihr eigenes Urteil. Zudem muss auch das Feeling zwischen Aussteller und Ausgestellten stimmen. Bleu de Chine ist schliesslich keine seelenlose Galerie, wo nur Vernissagen gefeiert werden, sondern ein lebendiger Ort. Während der jeweils drei Wochen dauernden Ausstellungen wird an einem Wochenende zum Konzert eingeladen, an einem andern zur traditionellen «Croqu'art», einem von den Galeristen und den eingeladenen Künstlern gemeinsam kreierten Imbiss.

Wie jede Galerie verdienen auch Adriana und Philippe, wenn etwas verkauft wird. Doch sind kommerzielle Gedanken hier zweitrangig, schon gar nicht rennen die beiden einem kurzlebigen Zeitgeist hinterher. Vielmehr geht es ihnen darum, Künstler und Besucher in einer fröhlich-ungezwungenen Atmosphäre zusammenzubringen – eine kluge Art der Kunstförderung.

Adresse Rue Bovet-de-Chine 3, 2114 Fleurier | **ÖV** Bahnhof Fleurier, am Ende der Avenue de la Gare die Hauptstrasse überqueren, in die Rue de l'Hôpital, dann 1. Strasse links und nächste Strasse rechts | **Öffnungszeiten** Fr–So 15–18 Uhr, sonst nach Voranmeldung unter Tel. 032/8612887, Programm unter www.bleudechine.ch | **Tipp** Vom Bahnhof führt ein steiler Wanderweg in 40 Minuten auf Fleuriers Hausberg Chapeau Napoléon, mit dem Auto ist er nicht mehr zugänglich.

29 Le Theusseret

Zwischen Wasser und Wasser

2018 wurde Le Theusseret von GastroJura und Juratourisme mit dem Preis der «schönsten Terrasse des Juras» ausgezeichnet. Wer auf der prämierten Terrasse sitzt, begreift schnell, dass eine schöne Terrasse allein nicht genügt, sie muss auch am richtigen Ort stehen, und diesbezüglich ist Le Theusseret wirklich ungeschlagen. Zur einen Seite fallen laut rauschend die Wassermassen des Doubs über eine Stufe, zur anderen Seite plätschern Bächlein über die steilen, moosbewachsenen Felsen, und mitten im Fluss hält ein Bäumchen den Fluten stand.

Ein Mühlstein vor dem Haus erinnert daran, dass hier früher eine Getreidemühle betrieben wurde. 1892 befand sich etwas weiter unten ein heute längst stillgelegtes, elektrisches Kraftwerk, es war das zweitälteste in der Schweiz. In den Felsen am rechten Ufer wurde damals Tuff abgebaut. Zeitweise war bei Le Theusseret eine Zollstation eingerichtet. Man braucht nicht viel Phantasie, um sich in dieser wilden Gegend einen früheren Schmuggelpfad vorzustellen. Vermutlich benötigten die Arbeiter und vielleicht auch die Schmuggler einen Ort, um sich zu verköstigen, gegebenenfalls auch zu nächtigen. So ist verständlich, dass 1898 in dieser abgeschiedenen Lage das Hotel-Restaurant Le Theusseret eröffnet wurde.

Bei kaltem Wetter wird im stilvollen Saal gegessen, dort sind die Fensterplätze mit Blick auf den Doubs begehrt. Im Sommer aber gibt es nichts Schöneres, als auf der Terrasse zu sitzen und sich dem Naturschauspiel hinzugeben. Die Küche sorgt dafür, dass nicht nur Augen und Ohren, sondern auch der Gaumen auf seine Kosten kommt. Neben Juraklassikern wie gekochtem Schinken mit Rösti oder Pferdesteak mit hausgemachten Pommes frites darf natürlich – schliesslich sitzt man am Doubs – die Forelle nicht fehlen. Sie ist garantiert frisch und wird, ob ganzer Fisch oder Filet, mit der Sauce Theusseret – aufgeschäumte Butter und frische Kräuter – serviert.

Adresse Theusseret 5, 2354 Goumois | **Anfahrt** von Saignelégier nach Goumois, knapp vor der Grenze in einer scharfen Rechtskurve links die Naturstrasse (1,5 Kilometer) bis zum Ende fahren | **Öffnungszeiten** März–Nov., Di, Mi geschlossen | **Tipp** Eine Kanu- oder Kajakfahrt auf dem Doubs ist ein Abenteuer. Der nächste Verleih ist «Goumois Evasion» in Goumois/Frankreich: nach der Brücke über den Doubs links, dann in einer scharfen Rechtskurve links abzweigen.

30 Die Grenzsteine

Ein Gezänk über Jahrhunderte – wem gehört was?

Die Landschaft sieht im französischen Ort Les Fourgs nicht anders aus als im schweizerischen L'Auberson, einem Strassendorf, das zur Gemeinde Sainte-Croix gehört. Wer den Wald zwischen den beiden Gemeinden durchstreift, weiss meist nicht, ob er sich auf französischem oder schweizerischem Boden befindet. Einzig ein niedriges, überwuchertes Mäuerchen, das mitten durchs Gehölz führt, erleichtert die Entscheidung, und ab und zu trifft man auf einen Grenzstein. Der älteste unter ihnen datiert von 1553 und wurde 1824 bei der letzten Grenzrevision bestätigt, er trägt beide Jahreszahlen.

Die Frage, was wem gehört, bildet die Geschichte eines Gezänks, das immer wieder neu aufflammte. Begonnen hatte es im Hundertjährigen Krieg (1337–1453), als sich noch Seigneurien um Territorien stritten oder ihren Besitz mittels strategischer Heirat mehrten. Die Herren von Savoyen traten auf, die von Burgund, später der Kanton Waadt, der sich von der Berner Herrschaft befreit hatte. Während die Waadt die Reformation begrüsste, blieb Frankreich katholisch, was zu neuen Zwistigkeiten führte, und kurzfristig mischte sich auch Neuenburg ein. Gelegentlich wurde ein Gebiet beansprucht, indem man einfach die Grenzsteine versetzte, sodass auf diese heute nicht immer Verlass ist. Am besten hält man sich an das Mäuerchen, das aufgrund eines Vertrags von 1762 errichtet wurde. Angeblich hatten die Schweizer dabei 108 Hektar Land dazugewonnen, wofür ein Franzose als Belohnung ein mit Gold gestopftes Huhn erhalten haben soll.

Den Spaziergänger kümmern die alten Streitigkeiten wenig, er erfreut sich am Duft des Waldes und trifft ab und zu auf einen Grenzstein mit dem grün-weissen Wappen des Kantons Waadt, dem Schweizerkreuz oder einer Burgunderlilie. Personenkontrollen sind passé, seit die Schweiz im Schengen-Gebiet liegt. Das Office de Tourisme von Sainte-Croix rät dennoch, einen Ausweis mit sich zu führen.

Adresse 1454 L'Auberson | ÖV von Sainte-Croix Richtung Pontarlier, an der Grenze beim Restaurant La Grande Borne das Gefährt abstellen und rechts den Wanderweg nehmen | Tipp Auf der französischen Seite bietet das Restaurant L'Hermitage in Les Fourgs eine hervorragende Küche an.

31 Das Ex-Kurbad

Kuren und frieren: André Gide in La Brévine

Das Dorf La Brévine ist als Kältepol der Schweiz bekannt. Jährlich werden im Winter Rekordwerte gemessen, nicht selten unter minus 30 Grad. Der Ort vermarktet sich touristisch als «Sibirien der Schweiz». Dass gerade hier über 200 Jahre lang ein Kurbad Kundschaft anzog, ist erstaunlich. Die «Bonne Fontaine», eine stark eisenhaltige Quelle, hatte vor allem im 18. und 19. Jahrhundert regen Zulauf. Das ehemalige Kurgebäude steht noch, ein schmucker Bau aus dem Jahr 1848. Die Allee, die zu ihm führt, ersetzte den Gästen einst den fehlenden Kurpark. Das gesunde Wasser, das vor allem bei Anämie und Erkrankungen des Nervensystems Linderung bringen sollte, wurde in der Regel als neuntägige Trinkkur empfohlen: am ersten Tag ein Becher, am zweiten Tag zwei Becher und so fort. Am neunten Tag war nach neun Bechern die Rechnung fällig.

Berühmtester Gast des Kurbads, in dem nicht gebadet, sondern getrunken wurde, war der französische Schriftsteller und spätere Nobelpreisträger André Gide. Er kam 1894 auf Anraten seines Arztes nach La Brévine, beschränkte sich aber nicht auf neun Tage, sondern blieb gleich zwei Monate lang. Über seine Kur liess er nichts verlauten, dafür schimpfte er kräftig über das Dorf. Es sei ein hässliches Nest, und seine Bewohner seien die unfreundlichsten Menschen der Welt. Vor allem aber fror der Literat fürchterlich – kein Wunder, er hatte gerade eine Nordafrikareise hinter sich – und bestellte erst einmal einen Pelzmantel und mit Lammfell gefütterte Schuhe. 24 Jahre später erinnerte sich Gide an La Brévine: Seine berühmte, weltweit übersetzte Erzählung «Die Pastoralsymphonie» spielt hier.

Das Kurbad hatte schon länger keine Gäste mehr gesehen, als 1940 Polen, die sich vor der deutschen Armee in die neutrale Schweiz gerettet hatten, bei Drainage-Arbeiten die Quelle, ohne von ihr zu wissen, zerstörten. Das schöne Kurgebäude ist in privatem Besitz und der Öffentlichkeit nicht zugänglich.

Adresse Les Cuches, 2406 La Brévine | ÖV Bahnhof Fleurier, Bus 38, Haltestelle La Brévine Poste, an der zentralen Kreuzung in Richtung Lac des Taillères gehen, dann 1. Strasse rechts hoch | Tipp «Meubles Alaska», direkt im Dorfzentrum an der Strasse nach Fleurier gelegen, verkauft nicht nur Möbel, sondern auch viel Trödel.

32 Der Lac des Taillères

Am schönsten, wenn's saukalt ist

Der knapp 2 Kilometer lange und nur 250 Meter breite See, auf über 1.000 Meter Höhe auf dem Gemeindeboden von La Brévine gelegen, ist in zweifacher Hinsicht bemerkenswert. Erstens hat er keinen Abfluss, das Regenwasser und das, was einige Rinnsale zuführen, versickern im porösen Seeboden und treten erst in der Areuse-Quelle im Val-de-Travers wieder zutage. Lange Zeit betrachteten die dortigen Elektrizitätswerke den Lac des Taillères als ihr natürliches Wasserreservoir und regulierten dessen Pegelstand nach ihren Bedürfnissen. Erst 1939 verzichtete man darauf, seither ist der See konstant gleich gross.

Zweite Besonderheit ist die geringe Tiefe von maximal 7 Metern. So kann sich der See im Sommer auf Badetemperaturen bis zu 20 Grad aufwärmen. Umgekehrt kann er im Winter sehr schnell gefrieren, und da La Brévine der Kältepol der Schweiz ist, passiert dies jährlich – auch ohne die 1987 gemessene Rekordtemperatur von minus 41,8 Grad. Wenn das Eis ohne Schneeschicht und nicht höckerig ist, sondern spiegelglatt, ist die Stimmung am besten. Unter der gefrorenen Schicht gluckst Wasser und produziert seltsame Töne. Schlittschuhläufer, Eishockeyspieler und Spaziergänger, einige mit Hund oder Kinderwagen, vergnügen sich. Eine Bierbude mitsamt Bänken steht ebenfalls auf dem Eis – ein Volksfest. Jährlich am 1. Februarsamstag findet in La Brévine, das als «Sibirien der Schweiz» Werbung macht, die «Fête du Froid» statt, im schnell aufgebauten Holzdorf werden regionale Spezialitäten verkauft, Amateurkünstler versuchen sich als Eisbildhauer, und für ganz Mutige wird ein Swimmingpool aus dem Eis gehauen: Badetemperatur 1 Grad.

Auch im Sommer ist eine Fahrt zum Lac des Taillères eine gute Idee. Am Südufer führt ein Spazierweg am See entlang. Fischer warten geduldig, ob nicht doch ein Hecht oder wenigstens eine Schleie anbeisst, und mit etwas Glück ist auch eines der Ruhebänkchen frei.

Adresse 2406 La Brévine | ÖV Bahnhof Fleurier, Bus 38, Haltestelle La Brévine Poste, von dort 2 Stationen mit Bus 383 bis Haltestelle Les Taillères Bout du Lac oder eine knappe halbe Stunde zu Fuss | Tipp Das Restaurant Hôtel-de-Ville im Ortszentrum ist für seine exzellente Küche in der ganzen Gegend bekannt.

33 Das Bikini-Test

Schrille Töne hinter schriller Fassade

Wer «Bikini-Test» googelt, landet schnell auf Seiten, auf denen der zweiteilige Badeanzug auf seinen strammen Sitz getestet wird, um der Trägerin beim Schwimmen peinliche Situationen zu ersparen. Damit hat das Bikini-Test nichts am Hut, auch wenn an der schrillen Graffiti-Fassade des Baus ein Vampir einer Schönheit den Bikini zerreisst. Der Name spielt ironisch auf das Bikini-Atoll im Pazifik an, wo die Amerikaner einst ihre Atomwaffen testeten. Das Bikini-Test ist friedlicher, explosiv ist hier einzig die Musik: Metal, Rock, Funk, Rap und mehr.

Die Anfänge des Bikini-Test führen in die 1980er Jahre, als in einigen Schweizer Städten die mit dem klassischen Kulturangebot unzufriedene Jugend einen kulturellen Ort für sich in autonomer Regie forderte. «Züri brännt» (Zürich brennt) heisst ein bekannter Dokumentarfilm aus jener Zeit – zumindest war die Zürcher Innenstadt in Tränengaswolken gehüllt. Die Bewegung erreichte nach Genf und Lausanne bald auch La Chaux-de-Fonds, wo die Behörden einsichtig waren. Sie stellten den Aktivisten einen Ort zur Verfügung, eine ehemalige Mühle, und beteiligten sich finanziell an der Renovierung des heruntergekommenen Baus. 1992 wurde das Bikini-Test eröffnet, und schon bald sahen die engagierten Veranstalter, dass die musikalische Bombe gezündet hatte. Der Standort in der Industriezone am Stadtrand ist leicht erreichbar und ideal: keine Reklamationen wegen Lärmbelästigung.

Es ist nicht einfach, internationale Stars nach La Chaux-de-Fonds zu holen, die Konzert-Manager zielen lieber auf Zürich, wo grössere Säle mit üppigeren Budgets locken. Doch gelingt es dem Bikini-Team immer wieder, internationale Grössen zu verpflichten. Daneben treten regionale Newcomer auf, die hier ein Trampolin für eine zukünftige Karriere sehen. Mit dieser Mischung und dank des Engagements der freiwilligen Mitarbeiter hat sich der bunte Ort bisher behauptet.

Adresse La Joux Perret 3, 2300 La Chaux-de-Fonds | **ÖV** Bahnhof La Chaux-de-Fonds, dann Bus 312, Haltestelle La Joux Perret, nachts Bus N22 (Halt auf Verlangen) | **Öffnungszeiten** Programm unter www.bikinitest.ch | **Tipp** 500 Meter weiter stadtauswärts unterhält Emmaüs Solidarité einen grossen Gebrauchtwarenladen.

34 Die Buvette Le Caprice

Einladung zum Fondue im Paradies

La Chaux-de-Fonds liegt am Doubs, nur weiss das kaum jemand. Tatsächlich zieht sich das Territorium der Uhrenstadt bis zum rund 400 Meter niedriger gelegenen Grenzfluss hinunter. Auf der Strasse nach Belfort erreicht man nach einer Viertelstunde und ein paar Haarnadelkurven La Maison Monsieur am Ufer des Doubs.

Der Weiler mit dem sonderbaren Namen hat seine eigene Geschichte. Er verfügte einst nicht nur über ein Postamt, sondern auch über eine Schule mit über drei Dutzend Schülern, die teils aus Frankreich kamen. Selbst ein Gefängnis – heute zur Zweitwohnung umgebaut – gab es in La Maison Monsieur, der Ort liegt schliesslich an einem legendären Schmugglerpfad. Wo Schmuggler unterwegs sind, bleiben Zöllner nicht aus: Das Hotel Maison Monsieur, das mit einem neuen Besitzer 2023 als schickes «Eco-Luxury Hotel» wiedereröffnen wird, war einst eine Zollstation.

Gleich neben dem Hotel lädt die Buvette Le Caprice auf ihre Terrasse ein. Wanderer machen hier Rast, und zunehmend entdecken auch die Bewohner von La Chaux-de-Fonds, welches Paradies sie da vor ihrer Nase haben. Die Lage am Doubs ist ein Traum. Auf der «Place de la Fondue», wie Isa und Pierre, die Pächter dieses bildschönen Orts, ihre Terrasse getauft haben, nimmt man als Aperitif einen Absinth oder einen Neuenburger Weisswein zu sich, während in der Küche ein gutes Fondue zubereitet wird: klassisches Käsefondue oder eine mit Cognac verfeinerte Variante oder auf Vorbestellung ein Tomatenfondue, eine Spezialität aus dem Wallis. Die idyllische Lage hatte um 1900 bereits die «Amicale des Sonneurs» entdeckt, ein republikanischer Zirkel aus Frankreich, der in unmittelbarer Nähe einen Pavillon errichtete und dessen Nachfolger heute einen kleinen Park unterhalten. Am Mini-Hafen schaukeln ein paar Boote auf dem Doubs, weiter flussabwärts stehen geduldige Fischer am Ufer. Wer hier nicht glücklich ist, hat etwas falsch gemacht.

Adresse Côtes-du-Doubs 19, 2300 La Chaux-de-Fonds | **Anfahrt** von La Chaux-de-Fonds Richtung Belfort, nach 10 Kilometern links abzweigen, ausgeschildert | **Öffnungszeiten** April–Sept. Mi, Sa, So ab 11 Uhr, Fr ab 16 Uhr | **Tipp** Eine kulinarische Alternative: das Maison Biaufond, 2,5 Kilometer flussabwärts (So geschlossen).

35 Das Chevrolet-Denkmal

Mit Methode zur Unkenntlichkeit gestaltet

Ein Chevrolet, oft liebevoll zu «Chevy» abgekürzt, geniesst zumindest in Europa einen besseren Ruf als ein Ford, sein ewiger Konkurrent in den USA. Chevrolet – allein schon der Name verheisst Eleganz. Die 1911 vom Automobilunternehmer William C. Durant und dem in La Chaux-de-Fonds geborenen Louis Chevrolet gegründete Chevrolet Motor Company hatte offenbar erkannt, dass der Name des Schweizers gut zur Corporate Identity des Unternehmens passt. Der 1953 auf Chevrolet Corvette getaufte Sportwagen lässt an schnelle Kurven denken, ganz nach dem Geschmack des zwölf Jahre zuvor verstorbenen Louis Chevrolet: Er war Autorennfahrer.

Zum 100. Geburtstag der Firma zeigte sich der amerikanische Autohersteller grosszügig. Er schenkte der Stadt La Chaux-de-Fonds ein Denkmal, um Louis Chevrolet, der nicht nur als Rennfahrer, sondern auch als Autokonstrukteur erfolgreich war, zu ehren. Das Preisausschreiben gewann der Genfer Bildhauer Christian Gonzenbach, und der leistete Bemerkenswertes.

Die Skulptur, in der sich das Sonnenlicht vielfach spiegelt, ist eine Büste des berühmten Sohnes der Stadt. Aber selbst wer weiss, wie Louis Chevrolet ausgesehen hat, wird ihn nicht erkennen. Dem fünf Meter hohen Koloss scheint überhaupt alles Menschliche fremd. Des Rätsels Lösung: Gonzenbach stellte anhand eines Fotos eine durchaus «menschliche», dreidimensionale Büste Chevrolets her. Er liess es aber nicht dabei bewenden, sondern machte von ihr einen Silikonabguss und drehte diesen schliesslich wie einen Handschuh um: Was aussen ist, ist innen und umgekehrt. Die Unkenntlichkeit der inversen Büste verstärkte der Künstler zusätzlich, indem er den rostfreien Stahl bis zum blendenden Spiegelglanz polierte.

Um dem Betrachter zu versichern, dass es sich bei seiner rätselhaften Skulptur tatsächlich um Louis Chevrolet handelt, hat Gonzenbach im Betonsockel den Namen des Geehrten eingelassen – konsequenterweise in Spiegelschrift.

Adresse Parc de l'Ouest, 2300 La Chaux-de-Fonds | ÖV Bahnhof La Chaux-de-Fonds | Tipp In 200 Metern Entfernung an der Rue du Parc, in südwestlicher Richtung, befindet sich die Synagoge der Stadt. Auch wenn sie geschlossen sein sollte, lohnt ein Blick auf den beachtlichen Bau.

36__La Grande Fontaine

Endlich Wasser!

La Chaux-de-Fonds ist wie das benachbarte Le Locle für sein schachbrettförmiges Muster des Strassennetzes bekannt. Gleich zwei Gründe hat diese urbane Planung, die man sonst eher aus Amerika kennt. Zum einen fiel die Stadt 1794, damals noch ein Dorf, einem Grossbrand zum Opfer und musste neu aufgebaut werden, zum anderen befanden sich hier zahlreiche Uhrmacherwerkstätten, was im 19. Jahrhundert zur Uhrenindustrie führte. Letztere finanzierte weitgehend den Wiederaufbau und berücksichtigte dabei selbstverständlich auch ihre eigenen Bedürfnisse. Es entstand, wie Karl Marx es nannte, eine «Fabrikstadt».

Im Gegensatz zu Le Locle, das nicht selten von Überschwemmungen heimgesucht wurde, sass man in La Chaux-de-Fonds buchstäblich auf dem Trockenen: keine Quelle, kein Wasser, nichts. Abhilfe schaffte der erfindungsreiche Ingenieur Guillaume Ritter. Er schlug vor, das Grundwasser der Areuse-Schlucht bei Noiraigue anzuzapfen. Ein 20 Kilometer langer, unterirdischer Aquädukt wurde verlegt und das Wasser in die Uhrenstadt hochgepumpt. Das Werk war 1887 vollendet, 50 weitere Jahre dauerte es, bis das Wasser in jeden Haushalt verteilt war. Auch heute noch bezieht La Chaux-de-Fonds 94 Prozent seines Wassers aus dem Val-de-Travers.

In La Chaux-de-Fonds feierte man die Ankunft des ersehnten Wassers 1888 mit der Einweihung der Grande Fontaine (Grosser Brunnen). Angeblich sollten ursprünglich zwölf spärlich bekleidete Nymphen den Brunnen schmücken, was die Auftraggeber möglicherweise anstössig fanden. So einigte man sich auf zwölf harmlose Schildkröten. Mit den Jahren nagte am prächtigen Brunnen der Zahn der Zeit, ein Becken soll löchrig geworden und viel Gold abgeblättert sein. 2007 wurde die Grande Fontaine einer umfassenden Restaurierung unterzogen. Seither glänzt das architektonische Juwel wieder, die grau gewordenen Panzer der Schildkröten zeigen sich wieder türkisfarben.

Adresse Avenue Léopold-Robert/Giratoire de la Grande Fontaine, 2300 La Chaux-de-Fonds | **ÖV** Bahnhof La Chaux-de-Fonds | **Tipp** Das Theaterrestaurant «Union» in der Avenue Léopold-Robert 29 ist für seine ausgezeichnete Küche bekannt (Di–Sa, während Theateraufführungen und Konzerten auch So).

37 Der jüdische Friedhof

פנ

Die beiden hebräischen Buchstaben heissen Nun und Peh und sind – Hebräisch wird von rechts nach links gelesen – eine Abkürzung für *poh nikbar* (m) oder *poh nikberah* (f): «Hier ist begraben». Im nüchternsten Fall stehen darunter Name und Lebensdaten der beerdigten Person, vielleicht kommt noch ein Davidstern hinzu. Auf die relativ schmucklosen ältesten Gräber folgen später Stelen oder Obeliske mit kunstvollen Verzierungen: Olivenzweig, Lorbeerkranz, Palmwedel, Blumen. Die neuesten Grabsteine und -platten sind dann wieder im nüchternen Stil gehalten, vergleichbar Grabmälern auf christlichen Friedhöfen. Gelegentlich wird über Herkunft oder Beruf informiert. Wer aufmerksam durch den jüdischen Friedhof von La Chaux-de-Fonds spaziert, erfährt so zumindest Bruchstücke der lokalen jüdischen Geschichte.

Ein zentrales Denkmal ist der Brunnen, der mit seiner Inschrift «À la mémoire des martyrs juifs victimes de la barbarie 1933–1945» an die Opfer der Shoah erinnert. Das bereits 1949 eingeweihte Monument hat die Form einer eingefassten Quelle. Das Wasser symbolisiert das Leben, das über die Barbarei triumphiert.

Der Eröffnung des Friedhofs 1872 waren einige Konflikte vorausgegangen. Erst 1857 hatte der Gemeinderat von La Chaux-de-Fonds den Juden das Recht auf freie Niederlassung zugebilligt. Doch war der Antisemitismus weiterhin virulent, vermutlich auch bei den Behörden, die der jüdischen Gemeinde keinen eigenen Friedhof zustanden. Toleranter zeigte sich das benachbarte Les Eplatures, damals noch eine eigenständige Gemeinde, sie gestattete einen jüdischen Friedhof. Als es am Tag der Einweihung in Strömen regnete, öffnete der protestantische Pfarrer für die jüdische Feier die direkt an den Friedhof angrenzende Kirche und beschwor in seiner Ansprache den Geist der Toleranz. Im Jahr 1900 wurde Les Eplatures eingemeindet, und La Chaux-de-Fonds bekam damit den Friedhof, den die Stadt drei Jahrzehnte zuvor nicht haben wollte.

Adresse Boulevard des Eplatures, 2300 La Chaux-de-Fonds | ÖV Bahnhof La Chaux-de-Fonds, dann Bus 360, Haltestelle Les Eplatures Aéroport | Tipp Die Auberge La Ferme Droz-dit-Busset ist eine Adresse für Feinschmecker. Sie liegt 400 Meter in Richtung La Chaux-de-Fonds, am ersten Kreisel.

38__Das Maison Blanche

Ein Geschenk für die Eltern

Der in La Chaux-de-Fonds geborene Charles-Édouard Jeanneret-Gris (1887–1965), besser bekannt unter dem Namen Le Corbusier, gehört zu den grössten und einflussreichsten Architekten des 20. Jahrhunderts. Nach mehreren Studienreisen durch Europa war ihm die Heimat zu eng geworden, mit 30 Jahren liess er sich in Paris nieder. Seine bekannten, über den ganzen Erdball verstreuten Bauten fallen in die Zeit zwischen den Kriegen und nach dem Zweiten Weltkrieg.

Als er das Maison Blanche entwarf, war Le Corbusier in der Fachwelt noch weitgehend ein Unbekannter. Seine Eltern hatten 1909 am Waldrand über La Chaux-de-Fonds ein Terrain gekauft, auf dem er 1912 als 25-Jähriger sein erstes Werk als selbstständiger Architekt realisierte. Der Stil verrät noch die Einflüsse, unter denen der junge Charles-Édouard damals stand. Dazu gehört auch das Dach. Später favorisierte Le Corbusier das Flachdach. Gleichzeitig nimmt das Maison Blanche architektonische Elemente seiner künftigen Bauten vorweg. Zu den wichtigsten gehört der Verzicht auf tragende Innenwände – die Funktion ist den Hausmauern und vier zentralen Säulen überlassen –, was eine freie Raumkomposition der beiden Etagen erlaubt.

Im Inneren überrascht der Salon, der auch als Konzertraum gedacht war. Le Corbusiers Mutter war Pianistin, sein älterer Bruder ein begnadeter Violinist. Das Klavier im Salon gehörte seiner Mutter und kommt auch heute noch zum Einsatz, wenn das Maison Blanche Konzertabende veranstaltet. In der ersten Etage schliesslich hatte der Meister ein Arbeitszimmer für sich selbst eingerichtet, auch wenn er nur noch selten hierherkam. Seine Eltern verliessen das Haus 1919. Nach einigen Besitzerwechseln wurde es im Jahr 2000 von der «Association Maison Blanche» erworben, die sich seither nicht nur um die Restaurierung und Instandhaltung des Juwels kümmert, sondern das Haus auch der Öffentlichkeit zugänglich macht.

Adresse Chemin de Pouillerel 12, 2300 La Chaux-de-Fonds | **ÖV** Bahnhof La Chaux-de-Fonds, dann Bus 310, Haltestelle Monbrillant | **Öffnungszeiten** Juni–Sept. Fr–Mo 10–17 Uhr, Okt.–Mai Fr–So 10–17 Uhr | **Tipp** In 15 Minuten gelangt man zu Fuss zur Villa Turque in der Rue du Doubs 167. Le Corbusiers bekanntester Bau in La Chaux-de-Fonds ist nur von aussen zu besichtigen.

39 Die Mauer des Ex-Kinos

Ein Portugiese schafft Kunst mit dem Schlagbohrer

Charles-Édouard Jeanneret-Gris und Frédéric-Louis Sauser sind beide im Herbst des Jahres 1887 geboren, im gleichen Quartier von La Chaux-de-Fonds. Begegnet sind sich Le Corbusier und Blaise Cendrars, so die Pseudonyme der beiden, im Leben nie. Das wird an der Rückseite des ehemaligen Kinos Corso nachgeholt. Zwischen den zwei berühmten Männern blickt eine weniger bekannte Frau den Betrachter an, die acht Jahre jüngere Schriftstellerin Berthe Eimann-Briod, ebenfalls in La Chaux-de-Fonds gebürtig. Auch sie wählte ein Pseudonym, bekannt wurde sie unter dem Namen Monique Saint-Hélier.

Die Porträts an der Mauer sind ein Werk des 1974 geborenen portugiesischen Künstlers Telmo Guerra, der seit 2012 in der Schweiz lebt. Was auf den ersten Blick wie eine Wandmalerei aussieht, ist keine. Wer näher tritt, sieht sofort, dass es sich nicht um ein Gemälde handelt, schon gar nicht um ein Fresko, es ist eher ein Flachrelief. Guerra malt nicht, er hat sich der Gravierkunst verschrieben. So strich er am Ex-Kino Corso die verputzte Mauer erst schwarz an und arbeitete nun mit drei Schichten. «Beschädigte» er das Schwarz, kam der grauweisse Verputz zum Vorschein, hämmerte er diesen weg, so zeigte sich der gelbbraune Stein des Gebäudes. Guerras Arbeitsinstrument ist nicht der Pinsel, sondern der Schlagbohrer, mit dem er der Mauer zu Leibe rückt. Das Trio der illustren Bürger der Stadt ist der Beweis, wie meisterhaft er seine Technik beherrscht.

Der Gravierkünstler bearbeitet mit seinem Schlagbohrer auch andere Materialien, vorzugsweise Keramik. Sie ist nicht nur äusserst resistent, was die Farben anbelangt, sondern für Guerra auch eine Reminiszenz an seine portugiesische Heimat. Nicht selten schlägt er als Hintergrund seiner Porträts Muster heraus, die in Lissabon oder Coimbra Fassaden schmücken. An der Mauer des Ex-Kinos beschränkte er sich auf den Gruss «Olá», auf Deutsch «Hallo».

Adresse Rue Jaquet-Droz 14, 2300 La Chaux-de-Fonds | ÖV Bahnhof La Chaux-de-Fonds, von dort rechts in die Hauptverkehrsachse, nach 500 Metern rechts in die Rue Traversière | Tipp Gleich gegenüber gibt der «Espace de l'urbanisme horloger» Einblicke in die Uhrenstadt und ihre Architektur (Mai–Okt. 10–12 und 13–16.30 Uhr, Nov.–April 13–16 Uhr).

40__Das Grand-Cachot-de-Vent

Unter dem Schindeldach ein Ort für die Kunst

Das Grand-Cachot-de-Vent gilt heute als ältestes Exemplar eines typischen Neuenburger Bauernhauses. Eine erste urkundliche Erwähnung datiert von 1503, das heutige Haus geht auf den Bau von 1531 zurück, der damals zwei Familien mit je eigener Küche, eigenem Stall und eigener Scheune beherbergte. Nachdem 1954 die letzten Bewohner ausgezogen waren, verfiel das Haus zusehends, 1963 hielt das Dach dem rauen Klima nicht mehr stand und stürzte ein. Auf die Initiative eines Lehrers hin, der den historischen Wert des Hauses erkannt hatte, wurde eine Stiftung gegründet. 30 Gemeinden und 560 Private griffen in die Tasche, um das Grand-Cachot zu retten. Mit Erfolg.

Das typische Neuenburger Bauernhaus zeigt ein grosses, flach geneigtes Dach, das fast bis zum Boden reicht. Im Fall des Grand-Cachot wird es von einem riesigen pyramidalen Kamin aus Holz durchbrochen, dem sogenannten «tué». Für das Dach mit seiner Fläche von 710 Quadratmetern wurden über 30.000 Schindeln aus erstklassigem Tannenholz verwendet. Die alte Methode, die Schindeln auf Holzlatten, die mit Moos und Torf bedeckt waren, zu legen und mit flachen Steinen abzusichern, wurde nicht beibehalten. Stattdessen wurde genagelt und asphalthaltige Dachpappe verwendet; von aussen sieht das neue Dach jedoch exakt wie das alte aus.

Auch das weitläufige Innere ist beeindruckend. Anfang des 17. Jahrhunderts wurden Mauern aus Stein eingesetzt, der Tué wurde an seinen heutigen Platz verschoben. Es lohnt sich, die alte Treppe hochzugehen, um einen besseren Überblick über die gesamte Architektur zu bekommen.

Das Juwel beschränkt sich nicht auf seinen musealen, architektonischen Wert. Im Sommer finden gut besuchte Konzerte statt, und auch die Ausstellungen in dieser einzigartigen Kunstgalerie ziehen Besucher aus der ganzen Region an.

Adresse 2405 La Chaux-du-Milieu | **ÖV** vom Bahnhof Le Locle oder vom Bahnhof Neuchâtel mit PostAuto 381, Haltestelle Le Cachot/Cachot-de-Vent | **Öffnungszeiten** Mitte Mai–Mitte Okt. Fr, Sa 14–18 Uhr, So 10–18 Uhr | **Tipp** Eineinhalb Kilometer in Richtung Ortszentrum verkauft Le Fromager des Chaux einen exzellenten Gruyère verschiedener Reifestufen.

41 Lermites Glasfenster

Ein Geschenk bringt anderes Licht in die Kirche

Lermite, mit bürgerlichem Namen Jean-Pierre Schmid, verbrachte die meiste Zeit seines Lebens im Jura. Geboren 1920 in Le Locle, Kindheit in Tavannes, Ausbildung in Biel, Aufenthalte in Grenchen und Saignelégier. 1946 richtete er sein Atelier in La Brévine ein, 1954 zog er nach Les Bayards weiter, wo er bis zu seinem Tod 1977 blieb. Mehr Jura hat in einer Biografie kaum Platz, und so darf es nicht verwundern, dass Lermite als der jurassische Maler par excellence gilt.

In seinen zahlreichen streng geometrisch komponierten Landschaftsbildern harmonieren die lang gezogenen Jurahügel mit den flachen Dächern der Neuenburger Bauernhäuser. Konstruktivistische Einflüsse sind unverkennbar, schubladisieren lässt sich Lermite dennoch nicht, dafür war er zu eigenwillig. Mitte der 1950er Jahre zwang ihn seine zunehmende Erblindung, von den nuancierten Farbmischungen der Ölmalerei Abschied zu nehmen. In der Folge widmete er sich mehr der Lithografie und der Glasmalerei mit ihren klaren Konturen.

In diese letzte Schaffensphase gehören die Fenster der Kirche von La Chaux-du-Milieu. Auf Rosen gebettet war die Gemeinde nicht, als sie 1963 eine Renovierung ihrer Kirche beschloss. Dass die alten Glasfenster überhaupt ausgewechselt wurden, verdankt sie Lermite, der ihr das Chorfenster als Geschenk offerierte. Der Künstler blieb bei der Gestaltung seinem Hang zur Abstraktion treu. Im unteren Teil sind Menschen auszumachen, die sich nach oben in der farbigen Fragmentierung der Komposition verlieren. Der Titel «Communion» lässt an das Letzte Abendmahl denken, kann aber ebenso als spirituelle Vereinigung von Menschen untereinander interpretiert werden. Auch die Fenster an den Seitenwänden sowie die beiden Rundfenster stammen von Lermite. Allerdings lieferte er hierzu nur noch die Vorlagen auf Karton. Ausgeführt wurden sie nach seinem Tod durch einen langjährigen Mitarbeiter.

Adresse Rue du Temple, 2405 La Chaux-du-Milieu | **ÖV** vom Bahnhof Le Locle oder vom Bahnhof Neuchâtel mit PostAuto 381, Haltestelle La Chaux-de-Milieu/Village | **Tipp** Suchen Sie auf dem Friedhof daneben das Grab des Künstlers – nicht einfach zu finden.

42 Das Bourbaki-Fresko

Ein Kunstwerk trifft auf Kunstbanausen

Was wäre, wenn an der Grenze in Kufstein auf einen Schlag 2,5 Millionen Menschen Einlass nach Deutschland begehrten? 2,5 Millionen, das sind rund 3 Prozent der deutschen Gesamtbevölkerung. Im Februar 1871, gegen Ende des Deutsch-Französischen Kriegs, suchten 87.847 Soldaten der eingekesselten französischen Ostarmee, nach ihrem Kommandanten auch Bourbaki-Armee genannt, Schutz in der neutralen Schweiz. Das entsprach knapp 3 Prozent der damaligen Schweizer Bevölkerung. Die Schweiz empfing die zerlumpten, ausgehungerten, halb erfrorenen Soldaten an der jurassischen Grenze und verteilte sie anschliessend über das ganze Land. Es war der erste grosse Einsatz des 1866 gegründeten Schweizerischen Roten Kreuzes.

Am Ort des Geschehens hält seit 2013 die «Association Bourbaki Les Verrières» mit einem Bourbaki-Weg und diversen Veranstaltungen die Erinnerung an das Ereignis wach. Auf ihre Initiative geht auch das Werk des einheimischen Graffiti-Künstlers Benjamin Locatelli zurück.

Das Fresko ziert eine 45 Meter lange Mauer am Abzweig der Strasse nach Neuchâtel. Es ist ein farbenfrohes Gemälde, das Blau-Weiss-Rot für Frankreich und Weiss-Rot für die Schweiz geschickt im Gleichgewicht hält. Neben General Bourbaki sind die beiden Unterzeichner des Vertrags von Les Verrières – General Clinchant für Frankreich, General Herzog für die Schweiz – porträtiert. Etwas Mühe bereitet die Entzifferung der in bester Graffiti-Manier verzerrten Schriftzüge.

Das vom Bourbaki-Verein finanzierte Gemälde war kaum fertiggestellt und mit dem Segen der Gemeinde La Cluse-et-Mijoux eingeweiht, als es zur Provinzposse kam. Das Amt für Architektur und Baukultur zeigte weder Sinn für Kunst noch Geschichtsverständnis und befahl der Stadt Pontarlier, das Fresko zu übertünchen; in Sichtweite zum mittelalterlichen Fort de Joux sei dieses Œuvre unerträglich. Die Debatte ist längst passé, das Fresko hat überlebt.

Adresse Au Frambourg, 25300 La Cluse-et-Mijoux | **Anfahrt** von Pontarlier Richtung Lausanne, am Abzweig nach Neuchâtel | **Tipp** Am Rathaus des Grenzorts Les Verrières/Schweiz hat Benjamin Locatelli ein weiteres Bourbaki-Fresko signiert.

43 Das Memorial Toussaint Louvertures

Schwarzer Napoleon gegen weissen Napoleon

Das markante Château de Joux ist eine abweisende Festung. Schwierig für Feinde, sie zu erobern, und noch schwieriger für die hier Eingesperrten, aus ihr herauszukommen. Die Burg diente während der französischen Revolutionswirren als Gefängnis für Königstreue, Priester und andere Gegner des ausgerufenen neuen Zeitalters. Heinrich von Kleist, zu Unrecht als Spion verdächtigt, verbrachte einen Monat innerhalb der Mauern, länger blieb Toussaint Louverture, der Nationalheld der Haitianischen Republik.

Toussaint Louverture, Sklave im damals französischen Haiti, liess sich von den Parolen Freiheit, Gleichheit und Brüderlichkeit anstecken und forderte weitab von Frankreich deren Gültigkeit auch für die Sklaven. Mit einer Armee von 15.000 schwarzen Soldaten eroberte er 1801 die heutige Dominikanische Republik, den anderen Teil der Insel, damals spanische Kronkolonie. Das wiederum war nicht im Sinn Napoleons, der ausdrücklich den «Code noir» aus dem Jahr 1685 verteidigte und die eben abgeschaffte Sklaverei auf Haiti wieder einführen wollte. Er eroberte die Insel zurück und liess Toussaint Louverture ins Château de Joux werfen. Der «schwarze Napoleon», wie der französische Schriftsteller Chateaubriand den heutigen Nationalhelden Haitis nannte, hatte zwar gegen den weissen Napoleon verloren, aber der Fortschritt war nicht mehr aufzuhalten: Am 1. Januar 1804 wurde Haiti als erster Staat Lateinamerikas unabhängig. Toussaint Louverture erlebte diesen Tag nicht mehr. Er starb im April 1803, nachdem er, eingekerkert in einem fast fensterlosen Raum, schwer krank geworden war, ohne dass sich jemand um ihn bemüht hätte.

Das von Ketten umzäunte Kreuz auf der Wiese ausserhalb der Festungsmauern ist ein bescheidenes, aber eindrückliches Memorial für den schwarzen Kämpfer.

Adresse 25300 La Cluse-et-Mijoux | **Anfahrt** von Pontarlier Richtung Lausanne, am Abzweig nach Neuchâtel parken und zu Fuss den Weg zur Festung nehmen, dann ausgeschildert | **Tipp** Im Château de Joux kann man die Gefängniszelle Toussaint Louvertures besichtigen (Sept.–Juni täglich 10–12.30 und 13.30–17 Uhr, Juli, Aug. bis 18 Uhr).

44 Die Neuenburger Kegelbahn

Gar nicht so einfach

Die klassische Neuenburger Kegelbahn ist im Kanton eine Seltenheit geworden. Früher war sie vor allem auf den «Métairies» zu finden, diesen jurassischen Bauerngehöften, die weit abseits der Dörfer ein Restaurant betrieben. Auch neben der Auberge du Grand-Sommartel, im Niemandsland zwischen La Sagne und Le Locle auf 1.292 Meter Höhe gelegen, wurde jahrzehntelang gekegelt. Offenbar aber kümmerte sich später niemand mehr um die Anlage, die zusehends verfiel. Nach einer kompletten Renovierung wird seit 2017 wieder gespielt; es ist die einzige Open-Air-Kegelbahn im Kanton.

Kegel und Kugel, Bahn und Rücklaufbahn – alles ist aus Holz. Was die traditionelle Neuenburger Kegelbahn von anderen unterscheidet, ist die rund 15 Meter lange Laufbahn. Sie besteht aus zwei aneinandergefügten Planken, die einen leichten Zirkumflex bilden, sodass die Kugel schnell seitlich wegrollt und ihr Ziel verfehlt. Eine weitere Neuenburger Besonderheit ist die Zählweise. Zwar wird für jeden umgelegten Kegel ein Punkt gutgeschrieben, aber nur, wenn auch der vorderste gefallen ist.

Die schmucke Anlage neben der Auberge du Grand-Sommartel steht frei zur Verfügung. Falls einer der selten gewordenen Clubs reserviert hat, bleiben die Besucher Zuschauer. Wer Gelegenheit hat, das Spiel selbst auszuprobieren, wundert sich über das Gewicht der Kugel. Sie ist neun Kilo schwer, hat aber zum Glück ein Loch für den Daumen und ein weiteres für die anderen Finger. Nicht zu wundern braucht man sich, wenn es nicht gelingt, den entscheidenden vordersten Kegel zu treffen. Schliesslich ist noch kein Meister vom Himmel gefallen. Ohnehin ist beim Kegeln nicht so wichtig, wer gewinnt. Neuenburger Kegelbahnen dienten im 19. und Anfang des 20. Jahrhunderts in erster Linie unbeschwerten, fröhlichen Zusammenkünften – was heute ein wenig aus der Mode gekommen ist.

Adresse 2314 La Sagne | Anfahrt von La Chaux-de-Fonds Richtung Neuchâtel, vor der Autobahneinfahrt rechts Richtung Vue des Alpes, dann rechts nach La Sagne, in der Ortsmitte Richtung Le Locle, nach 1,4 Kilometern links abzweigen, dann noch 2,8 Kilometer | Tipp Die Auberge du Grand-Sommartel führt eine preiswerte, regionale Küche (So ab 17 Uhr sowie Mo, Di geschlossen).

45 Der Weg der Statuen

Ein Ingenieur zeigt Kunst am Baum

Im Jahr 1978 kaufte der Ingenieur Georges-André Favre ein Stück Wald, um einen direkten Weg zu einer Waldhütte auf dem Kamm des Mont Racine anzulegen. Angeblich war es ein Sturm, der ihn auf andere Gedanken brachte. Halb weggebrochene Bäume und teils freigelegtes Wurzelwerk inspirierten ihn: Der vom Sturm defigurierte Wald wurde zum Ort figurativer Kunst. Mit Motorsäge und Meissel bewaffnet, liess der Ingenieur seiner Phantasie ungezügelten Lauf: Eine freigelegte Wurzel wurde zum Kraken, auf einem Baumstrunk steht ein Pinguin, aber auch die einheimische Fauna, vom Eichhörnchen bis zur Eule, bevölkert in Holzgestalt den Wald. Als Georges-André Favre 2013 starb, hinterliess er ein Testament von mehr als 100 Skulpturen.

Der Weg ist etwas steil, aber familienfreundlich, sofern man auf einen Kinderwagen verzichtet. Überraschungen sind garantiert: Um einen Baumstamm windet sich eine Schlange, aus einem Mäuerchen kriecht ein Krokodil, hier lockt eine Nixe, dort umarmt sich ein Liebespaar, ohne sich um Zuschauer zu scheren. Ein Specht hackt in einen Baumstamm, vielleicht versucht auch er sich als Bildhauer. Selbst der Orkan Lothar, der 1999 wütend durch den Jura fegte, schaffte eine Skulptur, sie musste nur noch leicht bearbeitet werden. Gegenstände des Alltags haben sich in dieser bizarren Welt verloren, ein riesiger Bleistift, eine schmucke Wanduhr, eine Absinthflasche – alles aus Holz, zumeist Fichte, seltener Buche. Wer am oberen Ende des Wegs angekommen ist, kann den Rückweg, wie ein Faltblatt dies vorschlägt, in einer Schlaufe gehen, oder aber er geht denselben Weg zurück und entdeckt, was er alles übersehen hat.

Unwetter setzen den Skulpturen zu, die wuchernde Vegetation frisst an ihnen, die Kunstwerke bedürfen der Pflege. Der «Verein der Freunde des Wegs der Statuen» sorgt dafür, dass sie erhalten bleiben und die Spaziergänger weiterhin ihre Freude haben.

Adresse 2314 La Sagne | **ÖV** Bahnhof La Sagne, dann ausgeschildert | **Tipp** Das Hôtel Von Bergen in der Ortsmitte zaubert in seiner mit Holz gefeuerten Küche regionale Spezialitäten (Mi geschlossen).

46 Das Naturreservat des Lac de Remoray

Sumpfschnepfen, Wacholderdrosseln und Flusskrebse

Engagierte Naturfreunde durften aufatmen: Als 1970 der kleine See, bisher in Privatbesitz, zum Verkauf anstand, kamen umsichtige Politiker möglichen Grundstücksspekulationen zuvor. 1980 wurde der Lac de Remoray mitsamt einem Torfmoor und einem kleinen Wald zum nationalen Naturreservat erklärt. Dessen Schutz und Instandhaltung wurde 1985 der tatkräftigen «Association des Amis de la Réserve Naturelle du Lac de Remoray» anvertraut.

Es ist eine wahre Freude, um den See zu spazieren. Ein einsamer Höckerschwan zieht seine Bahn, Stockenten schwimmen im Familienverband, Sumpfschnepfen vergnügen sich lieber allein, fröhliches Gezwitscher im Schilf verrät die Anwesenheit von weiterem Gefieder. Ornithologen greifen zum Fernglas, Fotografen zücken die Kamera oder zumindest das Smartphone. Kinder drängt es zum Ostufer, dort lädt ein mit Bojen eingegrenzter und überwachter Strand zu ungetrübten Badefreuden ein.

Das Informationszentrum des Reservats fügt sich nicht nur dezent in die Landschaft ein, es ist auch nach strengen ökologischen Normen gebaut. Im Innern wird auf zwei geräumigen Etagen detailliert erklärt, was Naturschutz bedeutet und welche Arbeiten er erfordert. Und schliesslich stösst der Besucher hier auf die Fauna, die er als Spaziergänger nicht gesehen hat – Luchs, Marder, Wiesel, Eule –, und erfährt nebenbei, dass der im 19. Jahrhundert zur Freude französischer Gourmets aus Amerika eingeführte Flusskrebs für seine europäischen Vettern eine Bedrohung darstellt, die man im Lac de Remoray nicht so leicht loswird. Kinder werden sich nicht durch die oft langen Texte lesen. Sie schauen lieber durch Gucklöcher in verschiedene Landschaften oder betätigen die Druckknöpfe, die, je nachdem, das Krächzen einer Krähe, den Ruf einer Eule oder den Gesang einer Wacholderdrossel auslösen.

Adresse 25160 Labergement-Sainte-Marie | Anfahrt von Pontarlier 3,5 Kilometer Richtung Lausanne, dann über Oye-et-Pallet 18 Kilometer auf der D437 | Öffnungszeiten Informationszentrum: Sa, So 14–18 Uhr, in den Schulferien täglich 14–18 Uhr | Tipp Fährt man zehn Kilometer weiter auf der D437 bis Mouthe, erreicht man die ganz in der Nähe liegende Quelle des Doubs.

47 Die Kapelle von La Bosse

Die heilige Johanna der Freiberge

Der Weiler La Bosse ist ein Schulbeispiel für die typische jurassische Architektur, er zeigt ausnahmslos Häuser mit grossem, flachem Dach. Auf den umliegenden Weiden grasen Pferde, und über dem Weiler krönt eine fotogene Kapelle die Idylle. Die neogotische Chapelle de la Bosse aus dem Jahr 1898 ist der Notre-Dame von Lourdes geweiht. Sie ist aber auch als Chapelle de Sainte-Jeanne bekannt, weil ihre Vorgängerin, eine 1719 errichtete Kapelle, der in La Bosse geborenen Jeanne Froidevaux (1596–1625) gewidmet war, die als Sainte-Jeanne des Franches-Montagnes (heilige Johanna der Freiberge) in die Annalen einging.

Heiraten wollte die fromme Jeanne nie, und so war es kein Wunder, dass auch sechs Monate nach ihrer Zwangsverheiratung die Ehe immer noch nicht «vollzogen» war. Der Bischof von Basel zeigte Einsicht und deklarierte das gegebene Jawort als null und nichtig. Wieder frei und 19 Jahre alt, klopfte Jeanne an die Klosterpforte von Porrentruy und reihte sich unter dem Namen Sœur Marie Hyacinthe in die Gemeinschaft der Annunziatinnen ein. Sie wurde für ihre Demut und Hilfsbereitschaft hochgeschätzt und wurde bald auch über die Klostermauern hinaus bekannt. Nach ihrem Tod bildete sich ein veritabler Kult um die Nonne, zahlreiche Wunder wurden ihr zugeschrieben, sodass der Ruf nach Heiligsprechung nicht ausbleiben konnte. Ein Verfahren im Vatikan wurde jedoch nie angestrengt, und 1792 marschierten die Franzosen in Porrentruy ein, was weitere Demarchen verhinderte. Die von der Kirche unterlassene Heiligsprechung nahm das Volk schliesslich selbst in die Hand. Noch heute gilt sie als die heilige Johanna der Freiberge – eine sogenannte Volksheilige, wie man sie in zahlreichen Städten und Dörfern Italiens kennt. An der Rückwand der Kapelle zeigt ein Gemälde aus dem Jahr 2014 Jeanne Froidevaux mit einer Lilie, dem christlichen Symbol für Jungfräulichkeit und Reinheit.

Adresse La Bosse, 2877 Le Bémont | ÖV Bahnhof Le Bémont, dann 15 Minuten zu Fuss ein Stück auf der Strasse Richtung Delémont, links ausgeschildert | Tipp Am Ortsrand von Saignelégier produziert die «Fromagerie de Saignelégier» einen ausgezeichneten Tête de Moine.

48 Der Pestfriedhof

Ausgegrenzt im Leben, eingegrenzt im Tod

Im Dreissigjährigen Krieg, der von 1618 bis 1648 in fast ganz Europa ausgetragen wurde, lieferte die Schweiz den fremden Armeen Söldner, das Land selbst wurde jedoch von den Auseinandersetzungen weitgehend verschont. Wirtschaftlich profitierte die Schweiz sogar davon, dass der Krieg vor der Grenze haltmachte.

Die Pest hingegen, die in dieser Zeit wütete und zu deren Ausbreitung der Krieg nicht unwesentlich beitrug, kannte keine Grenzen. Die Seuche verschonte die Schweiz nicht, auf den Verkehrswegen tummelten sich Händler aller Art, Krämer und Söldner. Die Ursachen der Pandemie kannte man noch nicht, man quacksalberte vergebens gegen die Pest, auch die vielerorts praktizierte Bekämpfung mit Weihrauch erwies sich als ineffizient. Sicherer war es, die Kranken ein- oder auszusperren, sie gesellschaftlich auszusondern – am besten bis über den Tod hinaus. Die Verstorbenen wurden auf den ausserhalb des Dorfes gelegenen Pestfriedhof gekarrt und dort meist ohne Zeremoniell in einem Massengrab verscharrt.

Einige Pestfriedhöfe dienen auch heute noch als Begräbnisstätten. So erklärt sich, dass auf dem kleinen Friedhof in Le Boéchet Grabsteine bis ins 21. Jahrhundert datieren. Einzig ein auffälliges Denkmal ruft den Dreissigjährigen Krieg und die Pandemie ins Gedächtnis. Es erinnert mit seiner Inschrift im Sockel an Thibaud Ory, Pfarrer von Les Bois, und an all die Gläubigen, die während der Pest 1636 hier zu Grabe getragen wurden. Es darf vermutet werden, dass der Dorfpfarrer seinem humanitären Einsatz zum Opfer fiel. Das Wäldchen mit den wenigen Grabsteinen und den vermutlich vielen Begrabenen liegt inmitten von Weideland und ist von einem Steinmäuerchen eingerahmt. Damit die hier grasenden Kühe den «Cimetière des Pestiférés» respektieren, wurde zusätzlich ein Stacheldraht hochgezogen. So haben die Toten ihre Ruhe – vorausgesetzt, die Besucher schliessen das eiserne Tor wieder.

Adresse 2336 Le Boéchet | ÖV Bahnhof Le Boéchet, auf der anderen Strassenseite nach Prailats und gleich wieder links, Friedhofswäldchen rechter Hand nach drei Bauerngehöften | Tipp Das Restaurant «La Légende» in Le Boéchet bietet eine preiswerte und gute Küche (Sonntagabend und Mo, Di geschlossen).

49 Der Brunnen der Italiener

Einwanderer ehren ihre neue Heimat

Am Ende des Zweiten Weltkriegs ist Italien zerstört, seine Wirtschaft liegt am Boden, während in der Schweiz eine Hochkonjunktur einsetzt. Arbeitskräfte werden gesucht, und Tausende von Italienern überqueren die Grenze, nachdem sie zuvor eingehend auf ihre Gesundheit beziehungsweise Arbeitsfähigkeit untersucht worden sind. Die Neuankömmlinge sind erst einmal Fremde, also spricht man von «Fremdarbeitern». Um 1970 zählt man in der Schweiz rund 17 Prozent Ausländer, und ein damals bekannter Rechtspopulist startet bereits zum zweiten Mal eine «Überfremdungsinitiative» mit dem bekannten Argument «Die nehmen uns Schweizern die Arbeit weg». Die Initiative, die den Ausländeranteil der Gesamtbevölkerung auf 10 Prozent beschränken will und die man auch eine Anti-Italiener-Initiative hätte nennen können, scheitert knapp.

Im Neuenburger Jura arbeiten die Italiener wie überall in der Schweiz anfänglich vor allem im Baugewerbe. Bald aber finden viele auch in der Uhrenindustrie Arbeit, wieder andere versuchen sich als Selbstständige, gelegentlich stellen italienische Unternehmer Schweizer Arbeiter ein. Spätestens in den 1980er Jahren ist die Integration der italienischen Immigranten mehr oder weniger abgeschlossen, die neuen «Fremdarbeiter» kommen aus Spanien und Portugal.

Das ist der sozialpolitische Hintergrund dieses kleinen Brunnens, den man vor lauter spielenden Kindern schnell übersieht. Er ist 1951 datiert und ein Werk des italienischen Bildhauers Pietro Galina, der in diesem Jahr nach Le Locle kam. Eigentlich wollte der Mann nur Verwandte besuchen, schlug dann aber sein Atelier auf und blieb bis 1979. Wieso hinter dem Jungen, der seine Füsse ins Wasser hält, ein Flachrelief zwei weitere Figuren zeigt, die ein Kanu und zwei Ruder tragen, weiss heute keiner mehr. Klar hingegen ist die Inschrift, mit der die italienischen Arbeitsimmigranten der Stadt Le Locle ihren Dank erweisen.

Adresse Avenue du Technicum 1, 2400 Le Locle | ÖV Bahnhof Le Locle | Tipp In unmittelbarer Nähe steht der bekannteste Brunnen der Stadt mit der Bronzefigur «Die Badende».

50 Daniel Jeanrichard

Mit Tüfteln zum Erfolg

Dass Daniel Jeanrichard (1665–1741) der Gründer der Neuenburger Uhrenindustrie ist, wie die Sockelinschrift behauptet, ist übertrieben. Von einer industriellen Uhrenproduktion kann erst im 19. Jahrhundert die Rede sein. Immerhin aber kann er als der grosse Pionier der Neuenburger Uhrmacherei gelten.

Schon als Junge begeisterte sich Daniel Jeanrichard aus La Sagne für alles Technische und fertigte mit seinem Taschenmesser erstaunliche Konstruktionen. Im Dorf hatte er sich als Tüftler bereits einen guten Ruf erworben, als 1679 ein Pferdehändler mit einer kaputten Taschenuhr aus London auftauchte. Erst staunten die Dörfler über den seltsamen Gegenstand, dann schickten sie den Mann zum 14-jährigen Daniel: Wenn einer das Ding wieder zum Laufen bringen könne, dann er. Daniel zerlegte die Uhr in ihre Einzelteile, studierte deren Funktionsweise, entdeckte schliesslich den Fehler und fügte alles wieder zusammen. Die Uhr lief wieder – und im jungen Tüftler war der Ehrgeiz geweckt, eine eigene Uhr herzustellen. Da ein Taschenmesser dazu nicht ausreichte, stellte er die nötigen Werkzeuge selbst her, was ihn ein volles Jahr kostete. Im Jahr 1681 konnte er schliesslich seine Uhr präsentieren, ein ziemlich grobes Werk, das als erste Neuenburger Uhr gilt.

Fortan widmete sich der Autodidakt gänzlich der Uhrenherstellung, verfeinerte die Mechanik und konnte sich bald vor Kundenanfragen kaum mehr retten. 1704 zog er nach Le Locle, wo er seine fünf Söhne in der Uhrmacherei unterwies. Als der Pionier 1741 starb, zählte man auf Neuenburger Boden 466 in der Uhrenproduktion beschäftigte Personen, eine Zahl, die sich noch vervielfachen sollte. Ein neuer Produktionszweig war geboren.

Die 1888 mit einem grossen Fest eingeweihte Statue steht vor der ehemaligen Uhrmacherschule. Sie zeigt den jungen Daniel Jeanrichard, der ebenso nachdenklich wie aufmerksam die Taschenuhr des Pferdehändlers inspiziert.

Adresse Rue Daniel-Jeanrichard 11, 2400 Le Locle | ÖV Bahnhof Le Locle | Tipp Eine Parallelstrasse weiter oben zeigt das Musée des Beaux-Arts oft beachtenswerte Ausstellungen.

51 Die Klepsydra

Das Wunderwerk eines arabischen Ingenieurs

Klepsydren gehören zu den ältesten Zeitmessern der Welt. Der griechische Ausdruck bedeutet «Wasserdiebin», obwohl nichts gestohlen wird ausser der Zeit, die der Betrachter braucht, um das Funktionieren der Klepsydra zu begreifen. Wasseruhren waren schon den Ägyptern bekannt, oft einfach als Schale mit einem Loch im Boden und Markierungen an den Wänden, an denen sich die verflossene Zeit ablesen liess. Viel später konstruierten arabische Tüftler wahrhafte Wunderwerke an Automaten, deren berühmtestes Beispiel die ebenso komplizierte wie verspielte «Elefantenuhr» des Ingenieurs Ibn Ismail al-Dschazarī (1136–1206) ist.

Die von englischen Uhrmachern gefertigte Elefantenuhr, die frei zugänglich in einem Glaspavillon zu bewundern ist, noch bevor man das Schlösschen des Musée de l'Horlogerie von Le Locle betritt, ist eine mehr oder weniger getreue Reproduktion des berühmten Werks von al-Dschazarī, allerdings in verkleinertem Massstab. Das nicht mehr erhaltene Original zeigte den Elefanten in Lebensgrösse.

Der höchst komplizierte Mechanismus funktioniert über einen Schwimmer mit einem Loch, der allmählich in einer mit Wasser gefüllten Schüssel versinkt. Berührt der Schwimmer den Boden, so gerät der über eine Kette verbundene Vogel in Bewegung, wodurch eine Metallkugel ins Rollen gerät, die in einen der beiden Rachen des zweiköpfigen Drachens fällt; das Ungeheuer kippt nach hinten und lässt die Kugel in einen metallenen Behälter fallen – der «Mahut» schlägt den Gong. Eine halbe Stunde ist vorbei, und die nächste Kugel beginnt das Spiel.

Leider ist die Klepsydra von Le Locle derzeit ausser Betrieb, der Betrachter freut sich über das wunderliche Werk und versucht, dessen Funktionieren anhand der spärlichen Beschreibung zu verstehen. Spezialisten arbeiten daran, die Klepsydra wieder in Gang zu setzen. Wir zweifeln nicht daran, dass ihnen das glücken wird – aber bis wann?

Adresse Route des Monts 65, 2400 Le Locle | ÖV Bahnhof Le Locle, dann Bus 341, Haltestelle Le Locle Monts | Tipp Unterhalb des Bahnhofs, in der Rue de la Gare 4, bietet das «Chez Sandro» eine hervorragende italienische Küche an (So, Mo geschlossen).

52__Das Maison DuBois

Gut gebettet beim Uhrmacher

«Montres DuBois 1785» steht an der Hausmauer geschrieben. Im ältesten noch erhaltenen Uhrmacherhaus von Le Locle betrieb die Familie DuBois erst einen Tuchhandel, verkaufte dann aber zunehmend auch Uhren. 1785 startete Philippe DuBois hier die Manufaktur «Philippe DuBois et fils». Die Marke wanderte über 200 Jahre lang von Generation zu Generation durch die Familie, bis sie 1998 an einen Basler Unternehmer verkauft wurde, der sie heute noch fortführt. Nicht verkauft jedoch wurde das Haus, es gehört noch immer den DuBois. 2006 kontaktierte die Besitzerin Céline Jeanneret und bot ihr an, Gästezimmer einzurichten und das Haus als B & B zu führen – unter der Auflage, seine Geschichte zu respektieren.

Céline Jeanneret löste die Aufgabe mit Bravour. Auf der ersten Etage stösst man im Flur auf eine Werkbank, darauf Utensilien der Uhrmacherei, daneben eine Pendule und eine alte Underwood-Schreibmaschine – als hätte der Uhrmacher nur kurz den Raum verlassen, um essen zu gehen. Im ehemaligen Büro stehen alte Bücher im Holzregal, ein fein säuberlich geführtes Inventar ist zu sehen, eine Vitrine voller Taschenuhren und mehr. Der Salon mit seinen grossformatigen Gemälden, in dem die Uhrmacher einst ihre Klienten empfingen, wurde belassen.

Eines von den fünf Zimmern, die Céline Jeanneret auf drei Etagen eingerichtet hat, trägt den Namen «Antan» (vergangene Zeiten). Es verströmt ein authentisches Ambiente, vielleicht diente es einmal als Schlafzimmer eines Uhrmachers. Für die heutigen Gäste wurde diskret ein Bad eingebaut. Die anderen vier Zimmer hat die Wirtin nach eigenem Gusto gestaltet, jedes in einem anderen Stil: Barock, Bohème, Safari, Zen. Das Frühstück wird im ehemaligen Verkaufsraum serviert, auf Wunsch bereitet die Inhaberin des B & B, die auch eine begnadete Köchin ist, ihren Gästen ein Mittagessen. Passanten begnügen sich mit einem Kaffee auf der Terrasse.

Adresse Grande-Rue 22, 2400 Le Locle | ÖV Bahnhof Le Locle | Tipp Ganz in der Nähe verkauft die Kooperative «L'âme verte» Produkte aus der Umgebung, vom lokalen Bier bis zum unabgepackten Gemüse (Grande-Rue 28).

53 Die unterirdischen Mühlen

Abstieg ins feuchte Chaos der Natur

Le Locle liegt in einem abflusslosen Tal – oder etwa doch nicht? Der Bach, der heute teils zugedeckt durch das Städtchen fliesst, versickert knapp vor der französischen Grenze in einem Chaos von Karsthöhlen. Erst 1980 wurde mittels Farbstoffen nachgewiesen, dass das Wasser im La Rançonnière genannten Fluss in Frankreich wieder an die Oberfläche tritt. In den Höhlen zwischen dem Verschwinden und dem Wiedererscheinen des Wassers ist in den letzten 450 Jahren einiges passiert.

Eine erste Mühle am Col-des-Roches, damals noch unbeschönigt Cul-des-Roches (Felsenarsch) geschrieben, ist urkundlich 1549 nachgewiesen. Die Konzessionäre wechseln oft, und es scheint, dass jeder ein bisschen weiter in den Felsen vorgestossen ist. Bereits im 17. Jahrhundert entsteht so eine veritable unterirdische Fabrik. Räderwerke betreiben über eine Reihe von Gefällen verschiedene Mühlen sowie ein Sägewerk. Bereits im 19. Jahrhundert tauchen die ersten Touristen auf. Sie berichten vom Tosen des Wassers in der Finsternis, vom Lärm der drehenden Räder, von engen, glitschigen Treppen, spärlich beleuchteten Felswänden und davon, dass man heilfroh sei, wenn man am Ausgang den Himmel wieder sehe.

Gegen 1900 wird der Betrieb eingestellt, die Behörden bauen die Mühlen zu einem Grenzschlachthaus um, französische Schweine und Rinder sind nur tot für den Export in die Schweiz zugelassen. 1966 wird das Schlachthaus, das die Höhlen unverfroren als Abfallgrube nutzte, geschlossen. In den 1970er Jahren werden die Stollen wieder freigelegt, mitunter ein speläologisches Unterfangen, die alten Mühlen werden systematisch erforscht und teilweise wieder originalgetreu eingerichtet.

Heute steigen die Besucher – vom Wasser unbehelligt – über Treppen und Stege immer weiter hinunter und staunen über die Dimensionen der Anlage. Das Höhlensystem ist bis in eine Tiefe von 65 Metern erkundet. Der Rest ist verschüttet – vorläufig.

Adresse Col 23, 2400 Le Locle | **ÖV** Bahnhof Le Locle, PostAuto 381, Haltestelle Col-des-Roches | **Öffnungszeiten** Mai–Okt. täglich 10–17 Uhr, Nov.–April Di–So 14–17 Uhr | **Tipp** Im nahen Weiler Les Frêtes ist jeweils von Mitte Juni bis September die Open-Air-Ausstellung «Land Art» zu sehen.

54 Der Wolf

… oder von der Nützlichkeit der Musik

Wer sich von Süden Les Bayards nähert, der sieht erst mitten auf der Strasse einen grossen Hund stehen. Dann merkt er, dass das Tier sich nicht bewegt, und schliesslich erweist sich der vermeintliche Hund als ein in Bronze gegossener Wolf. Das Werk stammt von Robert Hainard (1906–1999), der sich als Künstler und Buchautor zeitlebens mit dem Naturschutz und der Tierwelt befasste. Er plädierte unter anderem für die Wiederansiedlung des Wolfs zur Regelung des Wildbestands im Nationalpark, ohne Erfolg. So gab er wenigstens in seiner Heimatgemeinde Les Bayards dem verschrienen Raubtier einen Platz.

Ein Wolf spielte schon einmal eine Rolle im Dorf. Die Geschichte erzählt von Jean Claude Letondal (1789–1856) aus Les Bayards, «Jean des Paniers» genannt, weil er sich so gut auf das Flechten von Körben verstand. Seine zweite Begabung war das Klarinettenspiel. Wenn jemand für eine fröhliche Feier einen Musikanten brauchte, war Jean stets die erste Adresse. So soll er auch bei einer Hochzeit im benachbarten Les Verrières zum Tanz aufgespielt haben. Auf dem nächtlichen Rückweg sah er im Schnee hinter sich etwas Dunkles, das sich ihm näherte – ein Wolf! Erst rettete der bedrohte Mann sich, indem er dem Raubtier eines der Biskuits zuwarf, die ihm die Hochzeitsgesellschaft mitgegeben hatte. Dem ersten Biskuit folgte das zweite und so fort, bis die Tüte leer und Jean schon fast zu Hause war. Aber das hungrige Tier fletschte immer noch seine Zähne. So griff der arme Jean zum letzten Mittel, seiner Klarinette. Er soll so schön gespielt haben, dass der Wolf seine Ohren spitzte, mit dem Schwanz wedelte … und sich trollte.

Es gibt gute Gründe anzunehmen, dass der Bildhauer die Geschichte vom Korbflechter und dem Wolf kannte. Jean des Paniers ist historisch verbürgt, seine abenteuerliche Begegnung mit dem Wolf nicht. Die lebensrettende Klarinette ist im Besitz des Regionalmuseums in Môtiers.

Adresse La Vy-aux-Fées, 2127 Les Bayards | ÖV ab Bahnhof Fleurier Bus 590, Haltestelle Les Bayards Village | Tipp In der Ortskirche sind vier Fenster des bekannten jurassischen Malers Lermite zu sehen, der von 1954 bis zu seinem Tod 1977 in Les Bayards lebte.

55 Der Jürgensen-Turm

Ein Uhrmacher – aber welcher? – baut einen Turm.

Die Jürgensens aus Dänemark sind eine veritable Uhrmacherdynastie. Bekannter als der 1745 geborene Jürgen Jürgensen, Hofuhrmacher in Kopenhagen, ist sein Sohn Urban, der das Handwerk bei Uhrmacher Houriet in Le Locle erlernt, dessen Tochter er später heiratet. Er ist nebenbei auch für die dänische Marine tätig und entwickelt für sie eine Uhr mit einer sogenannten Chronometerhemmung, die noch heute mit seinem Namen verbunden ist. Urbans Sohn Jules Frederik, genannt Jules I., seinerseits Uhrmacher, kaufte das Gelände, auf dem heute der Jürgensen-Turm steht. Er zeugte fünf Kinder, darunter Jules Urban Frederik Jürgensen, genannt Jules II., ein weiterer Uhrmacher der Familie. Mit dessen Sohn Jules Philipp Frederik Jürgensen, genannt Jules III., der sich lieber der Dichtkunst als der Uhrmacherei hingibt und 1897 den Freitod wählt, endet die lokal berühmte Dynastie.

Ob der zinnenbewehrte neo-mittelalterliche Turm mit seinen neo-gotischen Glasfenstern von Jules I. oder Jules II. erbaut wurde, ist heute unklar. Ebenso wenig weiss man, welchem von beiden die Urne zugeschrieben werden soll, die hinter der Marmortafel eingemauert ist. Sie wurde nie geöffnet. Eine Legende besagt, dass der trauernde Jules I. den Turm zu Ehren seiner verstorben Frau errichtete. Eine andere Legende behauptet, Jules II. hätte den Turm gebaut, um seine Geliebte jenseits der Grenze besser sehen (oder überwachen) zu können.

Der Besucher kümmert sich nicht um Legenden, er steigt die 63 Stufen der Wendeltreppe zur Plattform hoch, die eine phantastische Aussicht über den Lac des Brenets und das Doubs-Tal freigibt. Als Sterblicher sinniert er vielleicht hinterher über den Spruch auf der Marmortafel: «Wer unsterblich ist, wird nie besiegt». Vorläufig unsterblich scheint die Marke Urban Jürgensen, heute mit Sitz in Biel. Sie ist regelmässig auf der Baselworld vertreten, der weltweit wichtigsten Uhren- und Schmuckmesse.

Adresse 2416 Les Brenets | Anfahrt von Le Locle nach Les Brenets, Parkplatz kurz vor dem Ortseingang, rechter Hand auf der Höhe eines kurzen Eisenbahntunnels, von dort auf der anderen Strassenseite 20 Minuten zu Fuss der Beschilderung folgen | Tipp In der Café-Bar «Passiflore» in der Grande-Rue 18 im Ortszentrum von Les Brenets sitzt man gut. Von der Terrasse hat man einen herrlichen Ausblick auf den Doubs.

56__Die Passerelle

Hier die Schweiz, dort Frankreich – oder umgekehrt

Zwischen dem französischen Villers-le-Lac und dem schweizerischen Les Brenets fliesst der Doubs teils an senkrechten Felsen entlang, etwas flussabwärts stürzt er sich über den 27 Meter hohen «Saut du Doubs» in die Tiefe. Mit jährlich rund 200.000 Besuchern gehört der Wasserfall zu den grossen touristischen Attraktionen der Gegend. Wer ihn besichtigen will, muss sich entscheiden, ob er ein Schiff in Villers-le-Lac besteigen will oder in Les Brenets. Beide haben auf der jeweiligen Landesseite eine Anlegestelle knapp vor dem Wasserfall, das letzte Stück ist ein kurzer Spaziergang zum Aussichtspunkt auf französischer oder auf schweizerischer Seite. Auf der französischen Seite lädt das «L'Absinthe – Restaurant du Saut du Doubs» zu Tische, auf der schweizerischen das Restaurant «Le Saut-du-Doubs».

Seit 2004 muss der hungrige Gast nicht schon bei der Schiffsabfahrt entscheiden, in welchem der beiden Lokale er eine Pause einlegen, von welcher Seite er den spektakulären Wasserfall sehen will. Eine rund 40 Meter lange Passerelle überspannt den Doubs und erlaubt es Fussgängern, die Flussseite zu wechseln. Am französischen Brückenkopf prangt das Gemeindewappen von Villers-le-Lac, am schweizerischen jenes von Les Brenets.

Die ebenso nützliche wie elegante Passerelle kam auf die Initiative von Gilbert Petit-Jean zustande, der auch gleich rund die Hälfte der Baukosten übernahm. Der 1935 in Villers-le-Lac geborene Unternehmer machte sein Vermögen in Les Brenets, wo er eine auf die Montage von neuen Uhrwerken spezialisierte Uhrenfabrik gründete. Dass diese an der Route de Franche-Comté liegt, ist ein Zufall, der wieder zurück nach Frankreich weist. Der 2019 verstorbene Mäzen fühlte sich in beiden Ländern zu Hause, er unterhielt hier wie dort Werkstätten. Insofern hatte der Brückenbau über den Doubs für ihn wohl auch eine persönliche, symbolische Bedeutung. Geboren ist er in Frankreich, beerdigt in der Schweiz.

Adresse Le Saut-du-Doubs, 2416 Les Brenets | **ÖV** zwei Schifffahrtsgesellschaften ab Villers-le-Lac, eine ab Les Brenets | **Tipp** Günstiger als in der Schweiz isst man auf der französischen Seite, dort empfiehlt sich das direkt am Doubs gelegene Restaurant du Port.

57 Der Pranger

Ein Denkmal der Schande

Die deutsche Sprache kennt das Verb «anprangern», was laut Duden so viel heisst wie «öffentlich tadeln». Im Mittelalter und noch bis ins 19. Jahrhundert war der Pranger ein Ort der Bestrafung, der von der psychischen Folter eine ganz und gar physische Vorstellung vermittelt. Wer an den Pranger, an den Schandpfahl gestellt oder gekettet wurde, war oft stundenlang der Wut oder dem Spott der Öffentlichkeit preisgegeben, musste sich bespucken, von Ziegen belecken oder mit allerhand Gegenständen bewerfen lassen. In Zeiten, in denen Folterung bis zum Tod noch gang und gäbe war und Hexen auf dem Scheiterhaufen landeten, war die öffentliche Zurschaustellung am Pranger eine vergleichsweise harmlose Bestrafung. Sie kam üblicherweise bei Verbrechen wie Ehebruch, Betrug oder leichtem Diebstahl zur Anwendung. Der Zweck der Strafe am Pranger war erreicht, wenn der Delinquent fortan ein Paria der Gemeinschaft war. Mancher, der am Pranger stand, zog es vor, hinterher den Wohnort zu wechseln.

Es ist den preussischen Königen, die noch bis 1848 die Hoheitsrechte über den Kanton Neuenburg ausübten, zu verdanken, dass man sich in Les Brenets von der mittelalterlichen Praxis der öffentlichen Schmähung verabschiedete. Friedrich Wilhelm III. verbot 1815 die Folter zwecks Erreichen eines Geständnisses, und nachdem die Neuenburger sich endgültig von der preussischen Vorherrschaft befreit hatten, wurde 1854 auch die Todesstrafe abgeschafft. Der nicht mehr zeitgemässe Pranger von Les Brenets wurde 1842 abgebaut und steht erst seit 2021 an seiner jetzigen Stelle hinter der alten Kirche, die zum efeuumrankten Rathaus transformiert wurde. Er datiert laut Sockelinschrift aus dem Jahr 1621 und bestand ursprünglich aus zwei Säulen, von denen eine verloren ging. Die noch erhaltene Säule zeigt ein mit einer Maske und Pflanzendekor skulptiertes Kapitell, eigentlich ein ganz schmuckes Relikt – hinge da nicht die Kette mit dem rostigen Halseisen.

Adresse Rue du Lac 22, 2416 Les Brenets | ÖV Bahnhof Les Brenets | Tipp Süsse Leckereien gibt's auf der Terrasse der Boulangerie-Pâtisserie Charmillot an der Grand-Rue 10.

58 Notre-Dame de Remonot

Heilendes Wasser und helfende Jungfrau

Die Quelle des Flüsschens Gesambrune, die im hinteren Teil der Höhle liegt, wurde vermutlich schon verehrt, bevor sich – auch vermutlich – im 8. Jahrhundert Einsiedler hier niederliessen. Eine schriftliche Erwähnung der Grotte datiert von 1169, aber erst im 17. Jahrhundert wurde die Höhle mit einer Kapelle versehen, was offenbar den guten Ruf des Wassers förderte. Insbesondere bei Augenleiden soll es heilsam sein. Noch 2013 berichtete die Presse von einem nahezu blinden Mann, der sich die Augen mit dem Wasser einrieb und hinterher wieder die Zeitung lesen konnte. Der Erzbischof von Besançon liess immerhin gratulieren.

Im Mittelpunkt der Kapelle, die nicht nur mit Stühlen und einem alten Beichtstuhl, sondern auch mit einem schmucken Altar ausgestattet ist, steht die Notre-Dame-de-Pitié, eine Holzstatue aus dem 15. Jahrhundert, über deren Herkunft sich verschiedene Legenden gebildet haben. Zahlreiche Votivtafeln danken der Jungfrau Maria – für eine geglückte Operation, für einen knapp vermiedenen Verkehrsunfall und anderes mehr. Einer, dem nichts Nennenswertes passiert ist, dankt einfach für den fortwährenden Schutz. Jährlich am 15. August strömen Pilger aus der ganzen Region zusammen, an den anderen Tagen sind es vornehmlich Touristen, die vorbeischauen. Die meisten sehen sich die Kapelle nur flüchtig an und gelangen im hinteren Teil über einen Metallsteg zur Grotte. Über etwas Geröll erreicht man einen klitzekleinen See, von den Stalaktiten tropft unablässig das Wasser, die nahe Quelle verrät sich durch ein leises Rauschen. Spätestens hier werden auch die Touristen ehrfürchtig.

In der Kapelle wird regelmässig Gottesdienst abgehalten, wobei vermutlich auch ein Opferstock zum Einsatz kommt. Höhere Einkünfte verspricht sich die Kirche von Hochzeitszeremonien und Bestattungsfeierlichkeiten. Diese werden zum Fixpreis von 160 Euro ausgerichtet, Messe inklusive.

Adresse Route de la Grotte, 25500 Les Combes | Anfahrt von Pontarlier 22 Kilometer auf der D437 in Richtung Morteau | Tipp Rund zwei Kilometer in Richtung Pontarlier liegt die Grotte du Trésor mit beachtlichen Ausmassen.

59 Die Montbéliard-Kuh

Kopfsteinpflaster statt saftiger Wiesen

Wie Hunde und Pferde lässt sich auch das Rindvieh kreuzen. Die gescheckte «vache montbéliarde», auf den Juraweiden allgegenwärtig, hat als Ahnen eine heute ausgestorbene Rasse der Franche-Comté und das Simmentaler Fleckvieh, von dem sie kaum zu unterscheiden ist. Die Kreuzung kam zustande, nachdem im 17. Jahrhundert die strenggläubige Religionsgemeinschaft der Mennoniten aus dem Berner Simmental vertrieben worden war und auch im Elsass keine Ruhe gefunden hatte. Schliesslich liessen sich die frommen Menschen mitsamt ihren Herden in den Hügeln der Franche-Comté nieder.

Ziel der Kreuzung war die Erhöhung der Milchproduktion. Tatsächlich lieferten die auffallend starken Euter der neuen Kuh bis zu 10.000 Liter pro Jahr. Die Montbéliarde gilt als typische Milchkuh, männliche Kälber sind eher ein Nebenprodukt und landen beim Metzger. Der Zuchterfolg in der Franche-Comté wurde 1889 anlässlich der Weltausstellung in Paris mit der offiziellen Anerkennung der «race montbéliarde» gekrönt.

Die Montbéliarde ist vor allem für zwei Käsesorten zuständig, beide aus Rohmilch hergestellt und beide in der Franche-Comté beheimatet. Der weiche Mont d'Or kommt stets in einer dünnwandigen Fichtenholzdose in den Verkauf, der harte Comté darf überhaupt keine andere Milch enthalten, wenn er die geschützte AOP-Herkunftsbezeichnung nicht riskieren will.

Das Dörfchen Les Fins gilt aus unerfindlichen Gründen als Wiege der Montbéliard-Kuh und hat, um diesem Ruf gerecht zu werden, der Milchlieferantin eine Statue gewidmet, lebensgross und aus Bronze. Das Modell, eine inzwischen verstorbene Montbéliarde namens Opaline, soll wenig Lust gezeigt haben, stundenlang ruhig zu posieren. Der Bildhauer Christian Guyot liess sich jedoch nicht beirren, er zeigte Geduld und nahm sich viel Zeit. Nach drei Jahren war die Skulptur fertiggestellt. Opaline steht jetzt still, nicht auf einer saftigen Wiese, sondern auf Kopfsteinpflaster.

Adresse Rue Principale, 25500 Les Fins | **Anfahrt** von Morteau 4 Kilometer auf der D437 Richtung Montbéliard | **Tipp** Einen hervorragenden Comté-Käse findet man in der Fromagerie Les Fins Comté an der D437 am oberen Ortsausgang.

60__Der «Coni'fer»

Mit Dampf durch die Wälder

Louis Poix, Bürgermeister von Les Hôpitaux-Vieux, ist schon längst im Rentenalter, aber ein Herzensprojekt gibt man nicht so schnell auf. 1992 gründete er eine Assoziation und lancierte das Projekt Coni'fer, heute eine touristische Attraktion ersten Ranges auf der stillgelegten Eisenbahnlinie Pontarlier–Vallorbe. Der Name spielt auf «conifère» (Nadelbaum) an; das von einer Dampflok gezogene Coni'fer-Bähnchen fährt schliesslich vorwiegend durch Fichtenwald. Ziel der rührigen Assoziation um Louis Poix ist die Wiederbelebung der alten Bahnstrecke, die mit der Eröffnung des Mont-d'Or-Tunnels 1915 zur Nebenlinie degradiert, im Zweiten Weltkrieg teilweise zerstört und schliesslich ganz aufgegeben wurde. Vorläufig wird vom Coni'fer nur ein kurzer, aber traumhaft schöner Abschnitt mit vier Stationen befahren. Der Plan, dereinst mit Dampf in den Bahnhof von Pontarlier einzufahren, ist den Behörden vorgestellt, die Chancen stehen gut.

Start ist in Les Hôpitaux-Neufs. Über Métabief und Le Tuillon fährt man nach rund 30 Minuten in Fontaine-Ronde ein, einer einsamen Station mitten im Wald, wo einst die Zollabfertigung durchgeführt wurde. Dort haben die Reisenden Zeit, sich an der Buvette zu verköstigen oder die nahe Quelle aufzusuchen, während das Bähnchen für die Rückfahrt umgebaut wird. Die gesamte Reise dauert rund eineinhalb Stunden.

Für Gruppen ab 24 Personen, denen man sich auch individuell anschliessen kann, wird eine Luxus-Variante angeboten. Coni'fer hat zwei Waggons des legendären Simplon-Orient-Express gekauft und mit grossem Aufwand aus dem Hinterland von Nizza – mit Umweg über Orléans zur technischen Überarbeitung – in den Jura geschafft, wo Freiwillige das Interieur der Wagen originalgetreu restaurierten. Das Käsefondue im luxuriösen Speisewagen, in dem vor bald 100 Jahren Krimi-Autorin Agatha Christie nach Istanbul fuhr, wird von einem Profi zubereitet.

Adresse L'Orée des Pistes, 25370 Les Hôpitaux-Neufs | **Anfahrt** von Pontarlier 17 Kilometer Richtung Lausanne | **Öffnungszeiten** Fahrplan siehe www.coni-fer.com | **Tipp** Im Nachbarort Jougne hat die traditionelle Conserverie Robbe ein grosses Angebot von Pilzen bis Schnecken.

61 Das Restaurant des Poneys

Die letzte Bastion des Neuenburger Butterkuchens

Sie können natürlich auch eine Pizza oder ein Fondue bestellen, aber an einem Donnerstagabend würden Sie damit aus der Reihe tanzen. Dann nämlich wird – im Sommer an langen Holzbänken im Garten, im Winter drinnen in der Gaststube – fast ausschliesslich Neuenburger Butterkuchen gegessen. Reservierung ist dringend empfohlen. An anderen Wochentagen wird nur für Gruppen auf Bestellung gebacken, Einzelreisende können sich nach telefonischer Voranmeldung anschliessen.

An der Landesausstellung 2002 stellte der Kanton Neuenburg als traditionelle Spezialität der Region den Neuenburger Butterkuchen vor. Schon damals gab es nur noch drei oder vier Restaurants, die den «Gâteau au beurre» auf ihre Speisekarte schrieben. Heute findet man ihn noch im Restaurant des Poneys. Er sei weltweit die einzige Adresse für den Butterkuchen geblieben, meint Wirt Maurice Perrin, der hier auf dem Hof aufgewachsen ist. Vermutlich hat er recht.

Für die Herstellung braucht es wenig: Brotteig, Butter und vor allem einen Holzofen, der eine Temperatur von 400 Grad schafft. Der Teig wird extrem dünn ausgewalzt, ähnlich wie beim Elsässer Flammkuchen. Die runden Fladen werden mit etwas Butter kaum eine Minute lang der Hitze ausgesetzt und sofort serviert: eine Tranche pro Gast, sonst würde die Spezialität kalt, die nächste Runde kommt schnell, die übernächste auch und weiter so, bis der Gast abwinkt. Im Restaurant des Poneys kommt der Butterkuchen ohne jeden Belag auf den Tisch, der Gast bestreut ihn einzig mit etwas Salz und Kümmel.

Auch ohne Butterkuchen sei der wunderschöne Ort empfohlen. Im Sommer sitzt man im Schatten einer prächtigen Esche, gleich daneben zwitschern in einer Voliere Dutzende bunter Vögel, auch Papageien und Kolibris sind hier zu Hause. Ziegen, Pferde und Ponys grasen. Das Wirtspaar, das alles in Schuss hält, hat ein kleines Paradies geschaffen – für sich und seine Gäste.

Adresse Martel-Dernier 2, 2316 Les Ponts-de-Martel, Tel. 032/9371436 | Anfahrt im Ortszentrum von Travers Richtung Mont-de-Travers, nach 10 Kilometern am linken Strassenrand | Öffnungszeiten So abends und Mi geschlossen | Tipp Fünf Kilometer in Richtung Travers verkauft die Fromagerie Le Mont einen exzellenten Gruyère.

62 Das Torfmoor

Auf Holzspänen durch die geschützte Landschaft

Am 6. Dezember 1987 kassierte die Schweizer Regierung vom Volk eine Ohrfeige. Sie plante in der Moorlandschaft von Rothenthurm, Kanton Schwyz, einen Waffenplatz, worauf der WWF Schweiz zusammen mit Rothenthurmer Bauern eine Volksinitiative zum Schutz der Moore lancierte. Die «Rothenthurm-Initiative» wurde mit 57 Prozent Ja-Stimmen angenommen. Seither sind in der Schweiz Moore besser geschützt als anderswo auf dem Erdball.

In Les Ponts-de-Martel wurde schon im 19. Jahrhundert Torf abgebaut, der von der nahen Uhrenindustrie als billiges Heizmaterial geschätzt war. Im Zweiten Weltkrieg dann mangelte es an Erdöl und Kohle, der Bedarf an Torf stieg erheblich, und auch im Gartenbau war die dunkle Erde gefragt. Nach jahrzehntelanger Torfstecherei sind heute in Les Ponts-de-Martel von einst 1.500 Hektar Moorgebiet gerade noch 130 Hektar erhalten, die unter Landschaftsschutz stehen. Überdies orteten Botaniker hier rar gewordene Pflanzen wie den fleischfressenden Rundblättrigen Sonnentau, der auf Moore ebenso angewiesen ist wie die zartflügelige Smaragdlibelle.

Der Spaziergang beginnt bei der ehemaligen Hütte eines Torfarbeiters, deren karges Interieur sich auf einen Tisch und einen Ofen beschränkt. Von hier führt ein mit Holzspänen ausgelegter Weg, der sich mehrfach verzweigt, mitten durch das Moorgelände. Auf dem von den Drainagen weitgehend ausgetrockneten Boden wächst teilweise lichter Wald. Gelegentlich sieht man bis zu zwei Meter hohe Torfstichkanten, und schliesslich steht man vor einem grösseren Torfmoorteich, den zu betreten lebensgefährlich wäre. Unterwegs erklären Tafeln den Torfabbau, schliesslich befindet man sich auf einem «Lehrpfad». Was allerdings die am Weg stehende Pendule soll, will sich dem Spaziergänger nicht erschliessen, und auch die Fabeln von La Fontaine, die man unterwegs zu lesen bekommt, sind unnötige Zutaten – die zauberhafte Natur ist schön genug.

Adresse 2316 Les Ponts-de-Martel | ÖV Bahnhof Les Ponts-de-Martel | Tipp Zweieinhalb Kilometer vom Ortszentrum bergauf steht die Pinte de la Petite Joux, ein rustikales Bergrestaurant mit Blick auf den Felsenkessel des Creux du Van (Mo geschlossen).

63 Das Polendenkmal

Pflugscharen statt Waffen

Das Denkmal, das etwas verloren in den Juraweiden steht, erinnert an eine Episode aus dem Zweiten Weltkrieg. In der Nacht auf den 20. Juni 1940 überschritten rund 30.000 französische Soldaten sowie die fast 13.000 Mann starke 2. Polnische Schützendivision, die an der Seite Frankreichs gekämpft hatte, den Doubs, um sich vor der deutschen Armee in die neutrale Schweiz zu retten. Die übergetretenen Soldaten wurden entwaffnet und interniert. Während die Franzosen 1941 zurückkehrten, verblieben die Polen bis zum Kriegsende in der Schweiz; schliesslich hatten sie nach der deutsch-russischen Aufteilung ihres Landes keine Heimat mehr.

Anfänglich noch in grossen Lagern in der Nähe von Bern interniert, wurden die Polen 1941 auf zahlreiche Orte in der gesamten Schweiz verteilt, wo sie vor allem in der Landwirtschaft und in der Industrie gebraucht wurden. Sie sollten dort die zur Verteidigung des Landes mobilisierten Schweizer Männer ersetzen. Auch im Neuenburger Jura wurden polnische Soldaten gebraucht, rund 120 Männer wurden 1943/44 in Les Verrières in Baracken untergebracht und für Entwässerungsarbeiten und den Bau von Feldwegen eingesetzt.

Das anfängliche Misstrauen der Schweizer gegen die Fremden schmolz bald wie Eis an der Sonne. «Die Polen beeindruckten die Schweizer, besonders die Schweizerinnen, mit ihrem charmanten Verhalten», schreiben die polnischen Verfasser einer 2010 erschienenen Dokumentation. Polnisch-schweizerische Ehen waren jedoch untersagt – etliche Schweizerinnen warteten geduldig das Kriegsende ab.

Das bescheidene, von den Polen selbst errichtete Denkmal nennt in der Inschrift die 2. Polnische Schützendivision, darüber thront der polnische Adler, die Wappen darunter sind die von Les Verrières, der Schweiz und des Kantons Neuenburg, Letzteres allerdings ist jenes des Preussischen Fürstentums Neuenburg, das bereits 1848 aufgehört hatte zu existieren!

Adresse 2126 Les Verrières | **Anfahrt** am östlichen Ortsende von Les Verrières Richtung Bayards, dann links in die Vy Jeanne abbiegen, nach circa 1 Kilometer links den Feldweg einschlagen | **Tipp** Der Menhir von Combasson ist eher ein riesiger Kieselstein. Man erreicht ihn, wenn man im westlichen Ortsteil von Les Verrières nach Les Cernets einbiegt und dort beim Hotel rechts auf der Strasse La Gentiane bis zu einer Kreuzung mitten im Wald weiterfährt.

64__Das Restaurant Le Lac

Ludwig XVI. überlebt eine wechselvolle Geschichte

Anfang des 20. Jahrhunderts war Malbuisson noch mit der Bahn zu erreichen. Das clevere Ehepaar Magrin, bereits im Besitz eines Hotels, eröffnete das «Restaurant du Tramway». Damit beginnt die Geschichte des heutigen Hôtel-Restaurant Le Lac. Eine Mademoiselle Magrin heiratete in den 1920er Jahren einen gewissen Monsieur Aymard, der darauf das Hotel zu seiner heutigen Grösse ausbaute. Alles ging halbwegs gut bis zum Zweiten Weltkrieg. 1940 marschierte die deutsche Armee in Malbuisson ein und requirierte das Gebäude, nach Deutschlands Kapitulation 1945 beschlagnahmten es die Franzosen, um hier Flüchtlinge unterzubringen. Das alles wurde den Besitzern zu viel, sie verkauften das Haus an den Pferdehändler Fernand Chauvin, dessen Nachkommen hier noch heute das Zepter führen.

Wer an der Durchgangsstrasse vor dem Hotel steht, dem fällt ausser der beachtlichen Grösse des Gebäudes vielleicht noch die einladende Terrasse auf. Man muss das Haus schon betreten, um einen gänzlich anderen Eindruck zu bekommen: ein riesiger Speisesaal, komplett im Louis-seize-Stil eingerichtet, viel Bordeauxrot, von der Decke hängen glitzernde Lüster, und die zurückgeschnürten Vorhänge geben den Blick auf den Lac de Saint-Point frei. Dass das Haus nicht direkt am See liegt, stört weiter nicht.

Einige Gastro-Guides bescheinigen der Küche «qualité gastronomique», was gemeinhin Gaumenfreuden zu teuren Preisen verspricht. Das Haus selber spricht von «semi-gastronomique» und deutet damit an, dass man hier auch zu erschwinglichen Preisen gut essen kann. Die gastronomische Variante besteht aus einem fünfgängigen Menu von der Gänseleber bis zur hausgemachten Patisserie-Auswahl – mit einer Digestionspause vor dem Hauptgang. Wer sich nicht zu gastronomischen Gipfeln aufschwingen will, bescheidet sich mit einem saisonalen Dreigangmenu – die Qualität stimmt auch hier, und der Service ist genauso freundlich.

Adresse 65 Grande Rue, 25160 Malbuisson | **Anfahrt** von Pontarlier 3,5 Kilometer Richtung Lausanne, nach Oye-et-Pallet abzweigen, dann ausgeschildert | **Öffnungszeiten** Do geschlossen | **Tipp** «Le Spot», am gegenüberliegenden Ufer in Saint-Point-Lac, verleiht Tretboote, Kanus und Elektro-Boote, für die kein Führerschein nötig ist.

65 Die Poëta-Raisse

Auf Holzstegen über dem tosenden Wildwasser

Jean-Jacques Rousseau, der viel über seine Spaziergänge im Val-de-Travers zwischen 1762 und 1765 geschrieben hat, erwähnt die wildschöne Schlucht der Poëta-Raisse mit keinem Wort. Das liegt einzig daran, dass sie zu seiner Zeit noch nicht zugänglich war. Erst 1874 konnte nach jahrelangen Vorarbeiten – nicht zuletzt dank eines bretonischen Eisenbahnbauingenieurs – ein Weg durch die Schlucht eröffnet werden. Die Natur schien hier dem Menschen feindlich, und so rächte man sich mit dem Namen: «Poëta» hat nichts mit Poesie zu tun, es leitet sich von «pouet/pouette» her, einem Dialektausdruck für «hässlich, schlecht». «Raisse», ebenfalls ein Begriff aus dem regionalen Dialekt, weist auf eine «Sägerei» hin, vielleicht auch nur auf einen Ort, an dem Holz geschlagen wurde.

Der Weg durch die Felsen führt über zahlreiche Steintreppen, Holzstege und Brücklein am tosenden Breuil mit seinen Wasserfällen entlang, er kann glitschig sein. An besonders delikaten Stellen helfen Ketten und dicke Drahtseile beim Auf- oder Abstieg. Hin und wieder muss man sich mit dem Gegenverkehr arrangieren, oder es steht jemand im Weg, der sich vor einem spektakulären Hintergrund für ein Selfie in Pose bringt. Das muss man hinnehmen.

Nach oben mündet die Schlucht schnell in die sanfte Landschaft des Vallée de la Vaux und weiter zum beliebten Ausflugsort Mauborget, nach unten führt der Wanderweg weiter den Breuil entlang, der sich am Ortsrand von Môtiers mit dem Bied vereinigt, bevor all das Wasser in die Areuse fliesst.

Die Schlucht der Poëta-Raisse ist nur von Mai bis Oktober zugänglich, danach machen Vereisungen und bald auch Schnee ein Durchkommen unmöglich. Im Frühjahr schaut ein engagierter Verein nach, was der Winter alles angerichtet hat: Gestürzte Bäume müssen aus dem Weg geräumt werden, Ketten und Drahtseile werden überprüft, die Holzstege und Brücken werden gesäubert, und nicht selten sind Reparaturen erforderlich. Sicherheit geht vor.

Adresse 1453 Mauborget | ÖV Bahnhof Môtiers, dann die Grande Rue bis zum Parkplatz am Waldrand gehen, von dort noch 90 Minuten, ausgeschildert | Öffnungszeiten Mai–Okt. | Tipp Der ausgeschilderte, klassische Wandervorschlag führt weiter: noch einmal 90 Minuten, und man steht auf dem Chasseron und schaut auf den Neuenburgersee hinunter.

66 Die Schaukäserei

Alles Käse!

Der Mont d'Or, der dem berühmten Rohmilchkäse den Namen gab, ist ein Berg mit dem französischen Wintersportort Métabief im Norden und dem schweizerischen Städtchen Vallorbe im Süden, der Gipfel gehört den Franzosen. Käse wird beiderseits der Grenze produziert, mit einem kleinen Unterschied: Seit ein Schweizer Mont d'Or in den 1980er Jahren eine Listeriose-Epidemie hervorrief, muss die rohe Kuhmilch in der Schweiz thermisiert, das heisst für ein paar Sekunden auf rund 60 Grad erhitzt werden. Für einen französischen Mont d'Or darf keine thermisierte oder gar pasteurisierte Milch verwendet werden, man fürchtet eine Beeinträchtigung des Geschmacks.

Die Schaukäserei Sancey Richard in Métabief informiert ausgiebig über die Herstellung des Mont d'Or von der rohen Milch bis zur klassischen Holzdose, die im Verkaufsregal steht. Von einer Galerie aus, die gleichzeitig als kleines Museum genutzt wird, schauen die Besucher den Käsern und Käserinnen bei den diversen Etappen ihrer Arbeit zu. Die Vorschriften für das AOC-Label sind streng. Als Milchlieferanten sind einzig die Rassen Montbéliarde und Simmental zugelassen. Die Käse müssen auf Fichtenholz gelagert werden, die Affinage, bei der sie täglich einmal gewendet und mit Salzwasser gebürstet werden, muss bei einer Raumtemperatur von maximal 15 Grad mindestens 21 Tage dauern. Die Fabrikation ist nur zwischen 15. August und 15. März gestattet, der Verkauf nur zwischen 10. September und 10. Mai.

Der für den Mont d'Or typische Holzgürtel muss von Fichten stammen. Hier tritt der «Sanglier» in Aktion, der vom frisch gefällten Baum die Rinde schält und dann aus der direkt darunterliegenden Schicht die «Sangles» herausarbeitet, in Länge und Breite genau bemessene dünne Streifen, die aufgeweicht werden, damit sie sich besser um den Mont d'Or spannen lassen. So kommt der Mont d'Or bei der Reifung zu seinem leicht würzigen Aroma.

Adresse 2 Rue du Moulin, 25370 Métabief | Anfahrt von Pontarlier Richtung Lausanne, nach 17 Kilometern rechts nach Les Hôpitaux-Neufs abzweigen, in Métabief auf das Schild «Fromagerie» achten | Öffnungszeiten Verkaufsladen/Museum: Mo–Sa 9–12.15 und 15–19 Uhr, So 9–12 Uhr; beste Zeit zum Zusehen um 9 Uhr | Tipp Rund um den Mont d'Or wurde ein Wanderweg angelegt. Autofahrer stossen bis zu einem Aussichtspunkt vor.

67 Die Abtei von Montbenoît

Zum guten Schluss von der Küche ins Verlies

Urkundlich verbürgt ist, dass ein gewisser Landry de Joux, Spross einer mächtigen Familie, hier im Jahr 1100 ein Kloster stiftete, das auf Wunsch des Erzbischofs von Besançon den Augustinern unterstellt wurde. Der noble Mann, so die Urkunde, soll seinen gesamten Besitz von Montbenoît – Weiden, Wälder und Gewässer – dem Kloster vermacht haben. Man darf annehmen, dass ihm noch genug blieb. Die Sires de Joux übten ihre Herrschaft über weite Teile der Franche-Comté aus und galten als wenig zimperliches Geschlecht, wenn es darum ging, Gebietsansprüche durchzusetzen. Auf dem oberen Spitzbogen über dem Eingangsportal der Abtei posiert der Stifter in recht martialischem Habitus.

Der mittelalterliche Klosterkomplex wurde bei kriegerischen Auseinandersetzungen im 15. Jahrhundert abgebrannt, wieder aufgebaut und im 17. Jahrhundert geplündert. Unbeirrt davon ging das mönchische Leben weiter. 1773 dann befand der Erzbischof, die Augustiner würden ihre Ordensregeln nicht ausreichend respektieren, und verfügte kurzerhand die Schliessung des Klosters. Er kam damit den französischen Revolutionären zuvor, die mit der Nationalisierung des Komplexes und dem Verkauf seiner Schätze einen endgültigen Schlussstrich unter das religiöse Leben zogen.

Die vielen Renovationen geben dem Kloster und seiner Kirche etwas Uneinheitliches: Romanische Elemente sind noch da, gotische und solche der Renaissance wurden hinzugefügt. Architektonisch überzeugt vor allem der Kreuzgang mit seinen skulptierten Kapitellen aus dem 12. Jahrhundert: Schlangen, Fische, Früchte und Blätter sind typische Symbole der Romanik. Später wurden die Gewölbe gotisch überholt. Ein weiteres Juwel ist die restaurierte Küche der Mönche mit ihrem riesigen Kamin, so einladend, dass man sich gleich zu Tische setzen möchte. Weniger verlockend ist das von hier über eine Treppe erreichbare klösterliche Verlies, wo die Sires de Joux einst gefangene Übeltäter einsperrten.

Adresse 4 Rue du Val Saugeais, 25650 Montbenoît | Anfahrt von Pontarlier 15 Kilometer auf der D437 in Richtung Morteau | Öffnungszeiten Mitte Mai–Mitte Okt. Di, Do, Fr, Sa 9.30–12.30 und 14–18 Uhr | Tipp Ein grosses Angebot an regionalen Spezialitäten findet man bei «Aux Produits Saugeais» an der D437, knapp fünf Kilometer Richtung Pontarlier.

68_Das Saugeais

Vive la République!

«Bienvenue dans la République du Saugeais» begrüsst ein Schild an der Strasse den Reisenden, der nichts ahnend in ein Mikro-Staatsgebilde fährt. Das Saugeais, das sind elf Gemeinden, Montbenoît ist die Hauptstadt des nur 128 Quadratkilometer umfassenden Staatsgebiets, das rund 5.000 Einwohner zählt.

Eine Republik innerhalb der grossen, unteilbaren Republik Frankreich? Ja, das gibt es. Entstanden ist die «freie Republik», wie sie sich auch gern nennt – als wäre man im nahen Pontarlier nicht frei –, aus der Begegnung zweier Scherzkekse im Jahr 1947. Als der Präfekt des Departements Doubs in Montbenoît das Hôtel de l'Abbaye aufsuchte, fragte ihn Hotelier Georges Pourchet nach gültigen Papieren, die brauche man nämlich, um ins Saugeais einzureisen. Der nicht weniger gewitzte Präfekt meinte «Ach so, ihr seid eine Republik, aber eine Republik braucht einen Präsidenten» und ernannte den verdutzten Hotelier flugs zum Staatsoberhaupt des Saugeais.

Georges Pourchet blieb Präsident bis zu seinem Tod 1968. Ihm zur Seite standen ein Premierminister, ein Generalsekretär, zwei Zöllner und zwölf Botschafter – alle ehrenamtlich. Selbstverständlich hat die freie Republik auch eine Flagge und eine Nationalhymne. Bei Empfängen posierte der Präsident mit Schärpe.

Nach Pourchets Tod wurde seine Witwe Gabrielle als Nachfolgerin vorgeschlagen, die erst nach langem Zögern zusagte. Gewählt wurde per «Applaudiometer» und – davon können andere Staatsoberhäupter nur träumen – auf Lebenszeit. Als Präsidentin rührte Gabrielle kräftig die Werbetrommel, gab zahlreiche Empfänge und ernannte Ehrenbürger, das Saugeais wurde über seine Grenzen hinaus bekannt. Als sie 2005 mit 99 Jahren starb, übernahm ihre Tochter Georgette das Zepter. Sie ist mittlerweile auch über 80 Jahre alt und hat keine Kinder. Wie es nach ihr mit der Republik, die bislang eher eine Dynastie ist, weitergehen wird, steht in den Sternen.

Adresse 25650 Montbenoît | **Anfahrt** von Pontarlier 15 Kilometer auf der D437 Richtung Morteau | **Tipp** Die Abtei von Montbenoît hat in ihren Mauern ein kleines Museum zur Geschichte der Republik eingerichtet (Mitte Mai–Mitte Okt. Di, Do, Fr, Sa 9.30–12.30 und 14–18 Uhr).

69 Das Atelier Sauge

Vom Wagenrad zum Schaukelpferd

Vielleicht hatte Émile Sauge, der 1923 das Unternehmen gründete, ein grosses hölzernes Wagenrad vor dem Eingang stehen. Er war von Beruf Wagner, heute ein ausgestorbenes Metier. Seine Söhne, die 1963 in seine Fussstapfen traten, positionierten den Betrieb neu, sie spezialisierten sich auf Schubladen für Möbelfabrikanten, heute kein einträgliches Geschäft mehr. Olivier Sauge, Enkel des Gründers, der 1992 in das Unternehmen einstieg, stellte ein Schaukelpferd auf die Wiese vor der kleinen Fabrik. Ob Wagenräder, Schubladen oder Schaukelpferde, geblieben ist das Material – Holz. Was sich aus Fichte, Buche, Eiche, Esche oder Kirschbaum alles herstellen lässt, kann man in der Boutique besichtigen: Schöpflöffel und Schneidebretter, Messergriffe und Schreibstifte, Geschenkartikel, unter anderem eine zusammenklappbare Blumenvase, in die man Blumen aus bemaltem Holz, aber dank einer Einlage auch richtige Blumen stellen kann … und natürlich Spielzeug aller Art.

Eine Spezialität des Unternehmens ist die Herstellung von Grossspielzeug: diverse Geschicklichkeitsspiele mit Kugeln, Mikados mit riesigen Stäben oder ein «finnisches Kegelspiel», bei dem ein Wurfstab zylindrische Kegel zu Fall bringen muss. Während die Eltern noch in aller Ruhe die Regale der Boutique inspizieren, haben die Kinder schon den danebenliegenden Spielraum entdeckt, wo sie einige Spiele an Ort und Stelle ausprobieren dürfen. Und schliesslich können über hundert Grossspielzeuge auch gemietet werden – ein Angebot, das vor allem für Hochzeits- oder Geburtstagsfeiern genutzt wird.

Das Wagenrad ist passé, das Schaukelpferd bleibt. Es steht da als Symbol für den zweckfreien Spieltrieb des Menschen, unabhängig von seinem Alter. Und noch gibt es genug Wälder in der Umgebung, sodass die Firma, die ein Dutzend Beschäftigte zählt, auch über ihren 100. Geburtstag hinaus die Herzen von Kindern und Erwachsenen erfreuen kann.

Adresse 27 Rue des Coquillards, Derrière Le Mont, 25500 Montlebon | Anfahrt von Morteau nach Montlebon, dort erst der Beschilderung «Derrière le Mont», dann den grünen Schildern «Sauge» folgen | Öffnungszeiten Mo–Fr 10–12 und 14–18 Uhr, Sa 10–12 und 14–17 Uhr (Boutique und Spielraum); Werkstattbesichtigung auf Anfrage unter Tel. 0381/671141 | Tipp Neben der nahen Kirche steht ein grosses Mühlrad. Warum, erklärt eine Tafel daneben.

70_Das Musée Vie d'Antan

Wo sich das Auge im Detail verliert

Joseph Simonin hat schier Unglaubliches geleistet. Er sammelte jahrelang Gegenstände aller Art aus früheren Zeiten und schuf so ein Universum des Alltags, in dem ein elektrischer Stecker ebenso Platz hatte wie ein Regenschirm, ein Rollstuhl ebenso wie eine Polizeiuniform. 2014 eröffnete er damit auf 2.000 Quadratmetern in einem stattlichen Holzbau sein Musée Vie d'Antan (Museum des Lebens früherer Zeiten). Ein Jahr später brannte das Haus mitsamt Sammlung lichterloh, einzig der Aufzug überlebte. Doch der leidenschaftliche Sammler liess sich nicht entmutigen. Schon zwei Jahre nach der Katastrophe eröffnete er neu, mit ebenso vielen Objekten, wieder auf 2.000 Quadratmetern, und auch der Neubau ist aus Holz.

Die klassischen Landwirtschaftsgeräte sind auch da. Sie allein würden schon ein kleines Dorfmuseum füllen. Daneben stehen grosse Maschinen wie eine geradezu monströse Holzsäge mit Kettenantrieb aus dem Jahr 1906 oder eine von einer Dampfmaschine betriebene Kornschwingerin. Es folgen Mofas, Werbeplakate, Wecker, Nähmaschinen, Jagdutensilien … Das Auge geht auf Reisen und verliert sich schnell. Mehr Ruhe findet man in den kompakten Räumen wie dem Esszimmer, der Küche oder der Waschküche, die bis ins Detail ihre Zeit widerspiegeln und wie «nur schnell verlassen» wirken. In der Sattlerwerkstatt hobelt gerade eine Wachsfigur ein Stück Holz zurecht. Ein ganzes Schulzimmer wird ausgestellt, auf dem Lehrerpult droht die Peitsche. Die Rue de la Basilique endet bei einer Kapelle mit Kirchenbänken. Man kann Stunden in dieser alten Welt verbringen und hat noch nicht einmal den Weinkeller oder die Traktoren im Keller gesehen.

Die Erklärungen und Legenden sind knapp, aber ausreichend, die Präsentation ist vorbildlich. Kuratoren traditioneller lokaler Museen, die ihren Bestand oft lieblos ausstellen und über mangelnde Besucher klagen, könnten bei Joseph Simonin in die Lehre gehen.

Adresse La Voie Bournez, 25500 Montlebon | **Anfahrt** von Le Locle Richtung La Brévine, nach Le Cerneux-Péquignot rechts Richtung Morteau, nach der Grenze circa 1,5 Kilometer, dann rechts abzweigen und 1,3 Kilometer weiter | **Öffnungszeiten** Do–Mo 9–12 und 14–18 Uhr, Di, Mi geschlossen | **Tipp** Gleich daneben bietet die Auberge du Charron eine regionale Küche (Di, Mi geschlossen).

71 Die Fontaine-Ronde

Manchmal blubbert's, manchmal nicht

Ein magischer Ort: im lichten Nadelholz ein natürliches Wasserbassin, zu einer Seite halbkreisförmig von einem Steinmäuerchen eingefasst. Wer aufs Wasser schaut, bemerkt vielleicht hier und dort winzige, lautlos aufsteigende Blasen, die an der Oberfläche kaum wahrnehmbare Wellen erzeugen – als hätte eine Wassermücke kurz aufgesetzt.

Das Phänomen zeigt sich bei sogenannten intermittierenden oder periodischen Quellen. Es handelt sich um Quellen, die in mehr oder weniger regelmässigem Rhythmus Wasser ausschütten und wieder versiegen. Entsprechend hebt beziehungsweise senkt sich der Wasserspiegel. Im Fall der «Fontaine-Ronde» beträgt die Periode 10 bis 15 Minuten. Früher sollen die Unterschiede grösser gewesen sein, die Luftblasen stärker, und der Wasserspiegel soll sich bis zu 25 Zentimeter gehoben haben. Dann wurde beim Bau des nahen Mont-d'Or-Eisenbahntunnels zwischen 1910 und 1915 ein unterirdischer Wasserlauf angebohrt, das Wasser verirrte sich teilweise anderswo im Karst, das ewige Spiel der Fontaine-Ronde war gestört. Doch ist es immer noch von Juli bis Oktober gut beobachtbar. Wenn's nicht blubbert: warten und genau hinschauen.

Physikalisch wird die periodische Quelle recht kompliziert erklärt: Es handelt sich um zwei Stollen beziehungsweise Siphons auf verschiedener Höhe, deren Ausgang aber auf ungefähr dem gleichen Niveau liegt. Bei Wasserzufuhr verschliesst sich der Stollen, der nach Luft sucht. Lässt der Zufluss nach, sinkt der Wasserstand, und der Stollen saugt Luft an, der Druck auf das Wasser im Reservoir lässt den Wasserspiegel sinken. Liegt dieser tief genug, kann wieder Quellwasser nachfliessen, und das Spiel beginnt von Neuem. Das Phänomen wurde 1797 vom italienischen Physiker Giovanni Battista Venturi in dem später nach ihm benannten Venturi-Effekt beschrieben. Der Laie, der sich nicht in physikalischen Theorien verlieren will, steht einfach da, schaut ins Wasser und staunt.

Adresse 25160 Montperreux | **Anfahrt** von Pontarlier 8 Kilometer Richtung Lausanne, dann rechts Richtung Oye-et-Pallet und gleich wieder links bis zur Bahnstation Fontaine-Ronde, von dort ein paar Minuten zu Fuss weiter den Schienen nach | **Tipp** In Montperreux lädt der kinderfreundliche Chaon-Strand zum Bad.

72 Die Destillerie Racine

Die Grüne Fee im Dorfzentrum

Nachdem in Môtiers das Postamt seinen Service ins Haus des Absinths verlegt hatte, zog in den früheren Räumen des Postamts der Absinth ein. Christophe Racine erkannte den Vorteil der zentralen Lage, mietete 2013 den leer stehenden Raum und gestaltete ihn für seine Bedürfnisse um. Heute laden der Destillateur und seine Frau hier Liebhaber der Grünen Fee, des Absinths, zur Degustation ein. Das Interieur ist leicht rustikal: eine Theke, deren Holzdach von einem Baumstamm leicht abgestützt wird, ein langer Holztisch mit zwei Bänken, eine grosse Grünpflanze und Regale voller Flaschen und Absinth-Accessoires. Statt Neonröhren erhellen von regionalen Künstlern gestaltete Lampen das Interieur.

Die Brennerei ist im hinteren Raum eingerichtet. Hier produziert Racine nach traditioneller Art Absinth mit verschiedenen Geschmacksnoten, die meisten mit 52 bis 54 Prozent Alkoholgehalt. Die Marke «La Fine Verte», in die insgesamt 21 Pflanzen Eingang finden, gehört mit 68 Prozent zu den Ausnahmen. Da empfiehlt sich vielleicht, etwas mehr Wasser als üblich auf den Absinth tröpfeln zu lassen.

Mit rund 3.000 Litern Absinth pro Jahr gehört Racine zu den kleinen Produzenten. Grösser will er nicht werden. Was für ihn zählt, ist die Qualität. Ein IGP-Label, das die Herkunft aus dem Val-de-Travers, der «Wiege des Absinths», vor allem gegen ausländische Billigprodukte schützt, wird von einigen Brennern gefordert, wobei die einzelnen Kriterien bei den Produzenten im Tal eine breite Diskussion auslösten. Der Ball liegt derzeit bei den Behörden. Christophe Racine kümmert sich nicht mehr um diesen Hickhack. Er bezieht den Grossen wie den Kleinen Wermut, die Pflanze, die auf Französisch «absinthe» heisst, von Produzenten aus dem Tal und destilliert in Môtiers vor Ort. Er ist einer von mehr als 30 Brennern im Tal und stellt – eine noble Geste – auch Produkte anderer Destillerien ins Regal.

Adresse Grande Rue 2, 2112 Môtiers | **ÖV** Bahnhof Môtiers, im Ortszentrum | **Öffnungszeiten** Mi–Fr 10–12 und 14–18 Uhr, Sa 10–12 und 13.30–17 Uhr, So (nur Juni–Sept.) 10–12 und 13.30–16 Uhr | **Tipp** Gleich gegenüber: Besser als unter den Arkaden des Restaurants Le Six Communes sitzt man bei schönem Wetter nirgends (Mo, Di geschlossen).

73_Die Kellerei Mauler

Perlende Tradition

Das Gebäude des ehemaligen Priorats Saint-Pierre atmet Geschichte, es datiert aus dem 10. Jahrhundert. Seit Louis-Edouard Mauler, Produzent von Schaumweinen, im Jahr 1869 das Anwesen kaufte, ist die Firma Mauler Teil dieser Geschichte. Das Familienunternehmen kellert heute in vierter und fünfter Generation ihre «vins mousseux», der Name Mauler bürgt für die Qualität des perlenden Getränks.

Damit der Schaumwein richtig fein perlt, und dies nicht nur für ein paar Minuten nach Entfernung des Korkens, wie es bei industriellen Billigprodukten oft der Fall ist, muss in den einzelnen Produktionsphasen vieles beachtet und überwacht werden. Die erste Etappe besteht darin, die richtige Rebe zu finden. Die wächst nicht im hoch gelegenen Val-de-Travers, sondern unten am Neuenburgersee, wo Mauler einige Weinberge besitzt. Bei der Vinifizierung wird dann mit der traditionellen Methode gearbeitet, die man auch vom Champagner kennt: zwei Gärungen, die zweite in der Flasche, die dann bis zu drei Jahre im Keller liegt, wo die Aromen sich entfalten. Weitere Etappen folgen, bis verkorkt und etikettiert wird. Dies und viele weitere Einzelheiten aus dem Produktionsprozess erfahren Besucher bei einer Führung durch die Gewölbe.

Heute ist das Haus Mauler, das eine breite Palette von Schaumweinen anbietet – Cuvée Brut Millésime, Tradition Brut, Rosé demisec und mehr, auch einen biologisch zertifizierten Schaumwein und alkoholfreie Varianten – Marktführer in der Schweiz. Wer ohne Führung einfach nur einkaufen will, durchquert den schmucken Innenhof des altehrwürdigen Priorats und begibt sich in den einladenden Raum dahinter, wo er von einer mehrsprachigen Rezeption nicht nur empfangen, sondern auch beraten wird. Im Regal und ohne Beratung findet man Schaumweine von Mauler auch in Supermärkten, zumindest in der Schweiz. Anderswo muss man sich halt mit einem Champagner zufriedengeben.

Adresse Le Prieuré Saint-Pierre, 2112 Môtiers | **ÖV** Bahnhof Môtiers, im Ortszentrum | **Öffnungszeiten** Di–Sa 10–12 und 14–18 Uhr | **Tipp** Die gotische Kirche gegenüber wurde 2021/22 komplett renoviert.

74_Das Maison de l'Absinthe

Ob legal oder illegal – Prost!

Als sich 2009 im Val-de-Travers neun von elf Gemeinden zur Gemeinde «Val-de-Travers» zusammenschlossen, wurden ein paar Rathäuser überflüssig. In Môtiers gestaltete eine auf Ausstellungsszenografie spezialisierte Firma das ehemalige Hôtel de Ville zum Maison de l'Absinthe um, das 2014 seine Tore öffnete. Die «Grüne Fee», wie der mythische Trank aus dem Val-de-Travers auch genannt wird, lädt in ihr attraktives Besucherzentrum ein.

Hier erfährt man alles rund um den Absinth. Die ebenso informative wie amüsante Ausstellung arbeitet mit taktilen Bildschirmen, mehrere Interviews wurden mit Video aufgezeichnet. Ein inzwischen verstorbener Brenner kommt ebenso zu Wort wie eine engagierte Alkoholgegnerin. Eine besondere Abteilung der Ausstellung ist dem Absinthverbot gewidmet, das in einer nationalen Volksabstimmung beschlossen wurde – einzig die Kantone Neuenburg und Genf stimmten dagegen – und von 1910 bis 2005 rechtsgültig war. Natürlich wurde im Val-de-Travers munter weiterdestilliert – nun eben heimlich. Daran änderten auch gelegentliche Razzien nichts, die Delinquenten verstanden sich als Widerstandskämpfer. Zahlreiche Dokumente und Karikaturen beleuchten die fast 100 Jahre dauernde Prohibitionszeit. Mit der Aufhebung des Verbots traten viele Brenner aus dem Untergrund wieder ans Licht, neue Brennereien entstanden. Heute sind es allein in Môtiers fast ein Dutzend Kleinbetriebe, deren Absatzmarkt sich meist auf die Region beschränkt.

Wer wissen will, welche Pflanzen für einen guten Absinth unverzichtbar sind, begibt sich in den Wissenschaftsraum, und wer die Pflanzen in natura sehen will, spaziert durchs Kräutergärtchen hinter dem Haus. Selbstverständlich kann der Absinth auch verkostet und gekauft werden. Die hauseigene Bar führt ein ansehnliches Sortiment, das Personal ist kompetent und zeigt dem Unkundigen gern, wie die Grüne Fee eingeschenkt werden will.

Adresse Grande Rue 10, 2112 Môtiers | **ÖV** Bahnhof Môtiers, ausgeschildert | **Öffnungszeiten** Di–Sa 10–18 Uhr, So 10–17 Uhr | **Tipp** Nur zwei Häuser weiter steht das Maison des Mascarons mit dem Regionalmuseum, das unter anderem eine kleine Sammlung Neuenburger Pendulen besitzt (April–Mitte Dez. Sa, So 14–17 Uhr).

75 Das Museum «La Grange»

Die rätselhafte Kunst der australischen Aborigines

Die Flagge vor dem Château d'Ivernois zeigt eine gelbe Scheibe auf schwarz-rot geteiltem Hintergrund. Es ist nicht das Hoheitszeichen eines Staates, sondern eines Volkes, das keinen Staat hat, der australischen Aborigines. Hinter der Stiftung Burkhardt-Felder Arts et Culture, die den stattlichen Bau aus dem 18. Jahrhundert erworben und behutsam restauriert hat, steht das Ehepaar gleichen Namens. Gérard und Theresa Burkhardt haben 25 Jahre in Australien gelebt und in dieser Zeit eine umfangreiche Sammlung von Kunstwerken der australischen Aborigines angelegt. Teile von ihr – mit jeder Ausstellung andere – sind in der ehemaligen Scheune neben dem Hauptbau zu sehen.

Unter Beibehaltung der architektonischen Struktur und der alten Bausubstanz wurde die Scheune zu einem modernen Museum umgebaut. Die Beleuchtung ist perfekt, besser könnten die gezeigten Kunstwerke nicht zur Geltung kommen. Meist steht der Besucher erst ratlos vor den oft grossflächigen, bunten Gemälden: konzentrische Kreise, Dot-Painting mit Hunderten von Punkten, Schlangenlinien, Musterungen, in den sich das Auge schnell verliert, ab und zu ein Tier oder ein Mensch. Die Kunst der Aborigines bedarf einer Erklärung. Diese leistet dann der Katalog, auch er zeugt von hoher Professionalität.

Mit einer Führung oder dem Katalog in der Hand kommt der Besucher den Exponaten schnell näher. Er erfährt etwas über das spirituelle Konzept der Traumzeit, über Zeremonien und überlieferte Erzählungen oder über die Wichtigkeit von Ahnen und Ahnenwesen. Scheinbar abstrakte Gemälde werden zu Landkarten mit Wegen, Feldern, Felsen und lebensnotwendigen Wasserlöchern. Nichts ist dem Zufall überlassen, und was dem westlichen Auge fremd ist und sich dem kunsthistorisch geschulten Verstand als sperrig erweist, ist für die Aborigines verständlich und selbstverständlich. Eine phantastische Reise zu einer der ältesten Kulturen der Welt.

Adresse Grande Rue 7, 2112 Môtiers | ÖV Bahnhof Môtiers, die Hauptstrasse überqueren | Öffnungszeiten Mitte Mai–Okt. Fr–So 14–18 Uhr | Tipp Im Park des Châteaus wurde die ehemalige Reithalle zum Museum «Le Manège» umgebaut. Dort sind aussergewöhnliche Automobile von 1897 bis 1980 zu sehen (Mitte Mai–Mitte Dez., nach Voranmeldung unter Tel. 032/8613510).

76 Der Rousseau-Spaziergang

Bronzene Hommage an einen berühmten Asylanten

Die Grande Rue mit ihren stattlichen Häusern ist so malerisch, dass der Flaneur meist nicht auf den Boden schaut, auf dem er geht. Tut er es ausnahmsweise doch, so sieht er im ordinären Pflaster ab und zu etwas Goldenes aufblitzen. Es sind ovale Bronzestücke, die wie grosse Kieselsteine in den Boden eingelassen sind. Wer sich bückt, erkennt in zarter Handschrift geschriebene Wörter: «au delà du vrai» (jenseits des Wahren), «comblé de caresses» (mit Zärtlichkeiten überschüttet) oder «de la dentelle» (Spitzenklöppelei) und weitere rätselhafte Sprachbrocken.

Insgesamt 60 Bronzekiesel findet man auf dem Spaziergang, der von der Grande Rue in den nahen Wald zu einem Wasserfall und am Dorfbach entlang zurück ins Zentrum führt. Das Projekt des Künstlerduos Anne-Hélène Darbellay & Yves Zbinden wurde 2000 vom regionalen Kulturzentrum im Rahmen eines Wettbewerbs ausgezeichnet und versteht sich als Hommage an Jean-Jacques Rousseau, der von 1762 bis 1765 in Môtiers Zuflucht fand. Das Fürstentum Neuenburg stand damals unter preussischer Herrschaft, und Friedrich II. bot dem Philosophen Asyl, dessen Schriften sowohl in Paris als auch in seinem Geburtsort Genf verbrannt worden waren.

Die in die Bronze geritzten Wörter sind kalligrafisch exakte Kopien der Handschrift Rousseaus und entstammen zwei Briefen an den Marschall von Montmorency-Luxembourg, auf dessen Gut der Philosoph bis zu seiner Flucht Unterkunft fand. Er erzählt seinem früheren Gönner ausführlich von seinem neuen Wohnort, ist begeistert von der schönen Natur des Val-de-Travers, empfängt zahlreiche Besucher aus nah und fern und fühlt sich vorerst gut aufgehoben. Doch die Gegner in Paris und Genf lassen den illustren Philosophen nicht in Ruhe, Schmähungen und Gerüchte machen bald auch in Môtiers die Runde. Im Herbst 1765 fliegen Steine gegen das Wohnhaus von Rousseau, der daraufhin das Val-de-Travers verlässt.

Adresse 2112 Môtiers | **ÖV** Bahnhof Môtiers, Spaziergang vom Bahnhof in die Grande Rue bis zum Waldrand, dann links weiter | **Tipp** In Rousseaus ehemaligem Wohnhaus in der Rue Jean-Jacques Rousseau 2 zeigt das Musée Rousseau Dokumente und Bilder aus der Zeit seines Aufenthalts in Môtiers (Sa, So 15–17 Uhr, sonst nur auf Anfrage unter Tel. 032/8601194).

77 Der Wasserfall

Ein Lieblingsplatz des Philosophen

«Ich habe meinen Fenstern gegenüber eine wunderschöne Kaskade, die steil über einen Felsen ins Tal fällt; man kann den Lärm, vor allem bei viel Wasser, von Weitem hören. Diesen Wasserfall sieht man sehr gut, ganz im Gegensatz zur schwer zugänglichen Höhle.» So schrieb 1763 Jean-Jacques Rousseau aus Môtiers, wo er im Exil lebte, an den Herzog von Montmorency-Luxembourg, bei dem er zuvor Unterschlupf gefunden hatte.

Tatsächlich steht man vor einem spektakulären Wasserfall, der Riaux stürzt über rund 30 Meter fast senkrecht hinunter. Bei Hochwasser oder nach der Schneeschmelze bildet sich vor dem Zuschauerbrücklein ein kleiner See, bei längerer Trockenheit herrscht Ruhe, und man begnügt sich mit dem Blick auf den teilweise glatt geschliffenen Felsen. In sehr kalten Wintern wiederum präsentiert sich ein ganz anderes Bild: Die Kaskade gefriert und überrascht mit riesigen, leise tropfenden Eiszapfen.

Die noch nicht gänzlich erforschte Höhle zu Füssen des Wasserfalls ist tatsächlich schwer zugänglich. Besucher erkunden meist die ersten paar Meter, dann geht ohne speläologische Ausrüstung nichts mehr, und bei viel Wasser kapitulieren auch die Profis. 2013 wurde ein ortskundiger Speläologe vom steigenden Wasser überrascht; er konnte sich auf einer Felsbank in Schutz bringen und wartete dort im Dunkeln 48 Stunden lang auf seine Rettung.

Während seines dreijährigen Aufenthalts in Môtiers begann Rousseau mit der Abfassung seiner «Bekenntnisse» und beschäftigte sich zunehmend mit der Botanik. Er legte Herbarien an, die heute noch erhalten sind. Er habe sich von der Literatur abgewandt und nur noch ein ruhiges Leben führen wollen, schrieb der Philosoph, der in ganz Europa viele Feinde und einige Freunde hatte. Der kurze Spaziergang von seinem Wohnhaus über die Wiesen in den Wald zum Wasserfall war ihm vertraut. Am Eingang zur Höhle ist ihm ein Gedenkstein gewidmet.

Adresse 2112 Môtiers | ÖV vom Bahnhof Môtiers, im Ortszentrum die Grande Rue bis zum Waldrand gehen, dort parken und zu Fuss links dem Schild «Cascade» folgen | Tipp Auf dem Weg, kurz nach einem wackeligen Brücklein, liegt die meist übersehene Quelle der Sourde – ein magischer Ort.

78 Das Musée des Maisons Comtoises

Auf 15 Hektar durch die gesamte Franche-Comté

So gross wie Thüringen, aber nur halb so viele Einwohner – die Franche-Comté ist ein dünn besiedeltes, bäuerlich geprägtes Gebiet. Natürlich hat die Moderne auch hier Einzug gehalten. Sperrige landwirtschaftliche Gefährte rattern über die Strassen, Zugochsen hat man schon lange nicht mehr gesehen. Mehr oder weniger erhalten haben sich jedoch die Gehöfte, auch wenn heute eine Parabolantenne das Dach ziert und in der Küche neben dem offenen Kamin ein Induktionsherd steht.

Die im Open-Air-Museum ausgestellten Bauernhäuser, ob Riegelbauten, Stein- oder Holzhäuser, in denen Vieh und Mensch unter einem Dach wohnten, repräsentieren die verschiedenen Gegenden der Franche-Comté. Die Häuser wurden an ihrem ursprünglichen Standort ab- und hier wieder aufgebaut. Das Interieur wurde mit dem regionaltypischen historischen Mobiliar, meist Spenden aus der Bevölkerung, ausgestattet. Im Unterschied zu den üblichen dörflichen «Eco-Musées», die allerlei landwirtschaftliches Gerät sammeln und ausstellen, wird hier das bäuerliche Leben in einen Gesamtzusammenhang gestellt. Komplette Küchen, Wohn- und Schlafzimmer, neben dem Haus ein Schweinestall oder ein Klauenpflegestand für Zugochsen, damit der Hufschmied gefahrlos arbeiten konnte. An der Wäscheleine hängen ausgeleierte Dessous, daneben weiden Schafe, schnattert eine Gans oder meckert eine Ziege.

Der Spaziergang durch die komprimierte ländliche Franche-Comté ist so lehrreich wie entspannend. Erwachsene inspizieren die Häuser, studieren die erklärenden Texttafeln, bestaunen die Gärten oder setzen sich auf ein Ruhebänkchen. Kinder toben sich im Grünen aus oder betätigen sich in einem Atelier und testen ihr handwerkliches Können. Das Museum der Maisons Comtoises empfiehlt sich als idealer Ort für den Familienausflug.

Adresse Rue du Musée, 25360 Nancray | Anfahrt von Pontarlier Richtung Besançon, nach 43 Kilometern in Mamirolle rechts abzweigen und der Beschilderung folgen | Öffnungszeiten April, Okt., Nov. Di–Sa 13–18 Uhr, So 10–18 Uhr; Mai, Juni und Sept. täglich 10–18.30 Uhr; Juli, Aug. täglich 10–19 Uhr | Tipp Circa zehn Kilometer von Mamirolle Richtung Besançon liegt der Gouffre de Poudrey (ausgeschildert), eine ausgeleuchtete Tropfsteinhöhle.

79__Die Quelle des Lison

Zwei Busladungen Wasser pro Sekunde

Der nur 200 Meter lange Spaziergang vom Parkplatz zur Quelle führt im Unterholz am Lison entlang und endet bei zunehmendem Rauschen vor einer wahrhaft atemberaubenden Kulisse: Aus dem Felsen ergiesst sich ein breiter Strom direkt in eine doppelte Kaskade von beträchtlicher Höhe. Besonders spektakulär ist der Besuch nach lang anhaltenden Regenfällen. Dann schiessen pro Sekunde 30 Kubikmeter Wasser aus dem riesigen Maul, was – so vermerkt eine Informationstafel – dem Volumen zweier Reisebusse entspricht.

All das Wasser sickert und fliesst durch Hunderte von Rissen und Spalten im karstigen Juragestein, bevor es sich im grossen Becken hinter dem Felsentor sammelt. Mittels Färbungen verschiedener kleinerer Quellgewässer wurde errechnet, dass sich das Einzugsgebiet des Lison auf 114 Quadratkilometer erstreckt. An einer exakten Kartografierung dessen, wo im Felsen die Wasser verlaufen und sich sammeln, arbeiten die Speläologen noch heute, viele Geheimnisse bleiben hinter der Quelle verborgen.

Ein kurzer, steiniger Fussweg führt hoch zu einer Aussichtsplattform über dem Wasserfall, für Fotografen ein Muss. Neugierige dringen sogar ein Stück weit in die Höhle hinein, doch wird es dort schnell dunkel, und der Weg wird zunehmend glitschiger. Ohne spezielle speläologische Ausrüstung kommt man hier nicht weiter. Das Klettern oberhalb der Plattform ist strengstens untersagt. Die Gemeinde Nans-sous-Sainte-Anne, auf deren Territorium die Lison-Quelle liegt, warnt vor einem jederzeit möglichen Steinfall. Kein Verbotsschild hingegen hindert die Besucher, ein Bad im Lison zu nehmen. Doch macht das ohnehin kaum jemand, das Wasser erreicht auch im Sommer höchstens eine Temperatur von 8 Grad. Nach dem Wasserfall beruhigt der Lison sich schnell und mündet nur 25 Kilometer weiter bei Châtillon-sur-Lison in die Loue. Diese erreicht im Sommer eine Temperatur bis zu 18 Grad und ist besonders bei Kanuten beliebt.

Adresse 25330 Nans-sous-Sainte-Anne | Anfahrt von Pontarlier Richtung Dijon, nach 27 Kilometern in Villeneuve d'Amont rechts in die D103 einbiegen, dann der Beschilderung «Source du Lison» folgen | Tipp Vom Parkplatz aus erreicht man in knapp 15 Minuten auf einem steilen Weg die Grotte Sarrazine, ein riesiges Gewölbe im Felsen. Bei wenig Wasser ist sie mit Taschenlampe begehbar.

80 Die Ferme Robert

Wo David nicht Goliath, sondern einen Bären tötete

Im Regionalmuseum von Môtiers wird ein kleiner Schrank verwahrt, in dessen Tür 1947 zwei Medaillons mit den Porträts von Jean-Louis Robert und seiner Frau Cécile eingelassen wurden. Das Museum erstand ihn 2002 von der Ferme Robert, bevor der Kanton Neuenburg diese an den «Verein der Freunde der Ferme Robert» verkaufte. Dieser kümmert sich heute um die Erhaltung des Anwesens, das seine Berühmtheit der Lage am Fuss des Felsenkessels Creux du Van verdankt, aber auch der legendären Gastfreundlichkeit der Familie Robert.

Die weitverzweigte Familie unterhielt den von den Brüdern David und Abraham Robert 1752 gebauten Hof bis 2002. Die letzte Pächterin war eine Urenkelin von Marie Robert, diese wiederum eine Ururenkelin von David Robert, mit dem 1752 die Geschichte der berühmten Ferme beginnt. In der Chronik des Hauses erscheint David als Held, der einen stattlichen Bären tötete. Die denkwürdige Begegnung fand 1757 statt und ist amtlich beglaubigt: Davids Tapferkeit wurde von der Regierung mit 300 sogenannten Tours-Pfund belohnt. Die grausigen Details des Kampfes – Davids einzige Waffe war angeblich ein Messer – sind mündliche Überlieferung, die den Ruhm des Helden von Generation zu Generation mehrte.

An den legendären Kampf mit dem Bären erinnert seit 1945 die Inschrift eines Felsbrockens. Später rief Esther Glauser, Tochter der erwähnten Marie Robert und als Pächterin jahrelang die gute Seele des Hofs, zu Ehren ihres mutigen Vorfahrens die «Fête de l'Ours» (Fest des Bären) ins Leben. Seit 2003 führt der Trägerverein der Ferme Robert die schöne Tradition fort: Jährlich am letzten Augustsonntag wird erst der Kampf zwischen David und dem Bär nachgestellt und anschliessend kräftig gefeiert. Die Anfänge der beliebten Fête de l'Ours sind archiviert – die Dokumente ruhen im Regionalmuseum von Môtiers, im kleinen Schrank mit den beiden Medaillons, der Schlüssel steckt.

Adresse La Ferme Robert, 2103 Noiraigue | **ÖV** ab Bahnhof Noiraigue ausgeschildert | **Öffnungszeiten** April–Juni und Sept., Okt. ab 9 Uhr, Mo, Di geschlossen, Juli, Aug. täglich ab 9 Uhr, Nov.–März Fr–So ab 10 Uhr (Sonntagabend bis 17 Uhr) | **Tipp** Die Wanderung zum Creux du Van und über den Berggasthof Les Oeillons zurück dauert circa vier Stunden.

81 Das Maison de l'Industrie

Konzept Dritter Ort

Das Konzept des MADI, wie sich das «Haus der Industrie» selbst abkürzt, ist nicht so bescheiden wie der kleine Flachbau, in dem es verwirklicht werden soll. Die Initiatoren wollen kein Museum aufbauen, sondern neue Wege einschlagen und operieren mit dem Begriff des «troisième lieu», der auf den amerikanischen Soziologen Ray Oldenburg zurückgeht. Der «Dritte Ort» ist dabei komplementär zu den beiden ersten Orten gedacht, von denen der eine der Familie, der andere dem Arbeitsleben gehört. Oldenburg definiert den «third place» unter anderem als Ort der nachbarschaftlichen Kommunikation. Insofern ist der Flachbau für das MADI gar keine schlechte Wahl. Zuvor war hier ein dörflicher Lebensmittelladen untergebracht, ein Dritter Ort sozusagen.

Das MADI will eine lebendige Plattform um seine Exponate schaffen, deren grösstes ein bis ins Detail erhaltenes Décolletage-Atelier aus dem Jahr 1900 ist – seine Installation ist für Frühjahr 2022 vorgesehen; die Décolletage, eine Präzisions-Dreharbeit in der Uhrmacherei, spielte im Val-de-Travers eine grosse Rolle. Davon abgesehen, ist die Uhrenindustrie nicht durch einen regionalen Hersteller vertreten, sondern durch den Tessiner Uhrmacher Buzzi. Immerhin arbeitete dieser mit Uhrwerken aus dem Jurabogen.

Ein weiterer Teil der Ausstellung dreht sich um das Unternehmen Dubied in Couvet, einst weltweit führend in der Herstellung von Strickmaschinen und grösster Arbeitgeber im Val-de-Travers; 1995 stellte die Fabrik ihre Produktion endgültig ein. Die traditionelle Neuenburger Spitzenklöppelei wiederum hat mit Industrie insofern zu tun, als dass die maschinelle Klöppelei ihren Niedergang einleitete. Man kann die Zusammenstellung der Exponate im «Haus der Industrie» als Herausforderung begreifen. Dies läge ganz im Sinne des anspruchsvollen Konzepts eines Dritten Orts. Für die nötige Kommunikation steht die gut bestückte Bar des MADI zur Verfügung.

Adresse Rue des Tilleuls 6, 2103 Noiraigue | **ÖV** Bahnhof Noiraigue, den Parkplatz überqueren, dann rechts | **Öffnungszeiten** April–Okt. Fr–Sa 9–18 Uhr | **Tipp** Ganz in der Nähe, am nördlichen Ortsrand, liegt die Quelle der Noiraigue, direkt davor sind Überreste einer einstigen Mühle auszumachen – ein idyllischer Ort.

82_Das Courbet-Museum

Anderes vom Schöpfer des Ursprungs der Welt

Der 1819 in Ornans geborene Gustave Courbet ist einer der Hauptvertreter des Realismus in der Malerei, für viele sogar dessen Begründer. Noch weiter ging Picasso, der Courbet gleich die Vaterschaft der modernen Malerei zusprach. Courbet selbst legte Wert darauf, dass der Maler kennt, was er malt. Die nahe Quelle der Loue kannte er gut, er stellte seine Staffelei oft dort auf und kommentierte eines seiner Gemälde: «Dieser Fluss ist die Loue. Gehen Sie hin, Sie werden mein Bild sehen.» Mit nicht zu erschütterndem Selbstvertrauen malte er seine Umgebung, wie er sie sah, ohne sie zu idealisieren – dazu gehört auch ein heute verschollenes Bild mit betrunkenen Priestern –, was ihm einige Kritik eintrug. Als er eingeladen wurde, mit einem Grossformat an der Pariser Weltausstellung 1855 teilzunehmen und der Jury einen Entwurf zur Begutachtung einzureichen, verwies er auf die Freiheit der Kunst und verzichtete.

Neben Werken seiner Zeitgenossen sind im Museum rund 60 Werke von Courbet zu sehen, vor allem Porträts, Selbstporträts und Landschaften. Sein berühmtestes, weil skandalträchtigstes Bild, «L'Origine du Monde» (Der Ursprung der Welt), das den Blick des Betrachters auf die Vulva einer Frau lenkt – oder blickt die Vulva den Betrachter an? –, ist in Ornans nur als Kopie ausgestellt. Das Original war fast 40 Jahre lang im Besitz des Psychiaters Jacques Lacan und ist heute im Pariser Musée d'Orsay zu sehen.

Der höchst eigensinnige Maler engagierte sich auch politisch. Als Mitglied der kurzlebigen revolutionären Pariser Kommune von 1871 wurde er für seine Beteiligung an der Zerstörung der Vendôme-Säule angeklagt. Sechs Monate sass Courbet dafür im Gefängnis Sainte-Pélagie ein, durfte dort aber seiner Kunst nachgehen: Im Museum ist das «Autoportrait à Sainte-Pélagie» zu sehen. Die Geldstrafe, die ihm zusätzlich auferlegt wurde, war ihm dann allerdings zu hoch. Er entzog sich durch Flucht in die Schweiz, wo er 1877 in La Tour-de-Peilz am Genfersee starb.

Adresse Place Robert Fermier, 25290 Ornans | **Anfahrt** von Pontarlier Richtung Besançon, nach 12,5 Kilometern links in die D67 einbiegen, noch circa 20 Kilometer bis Ornans | **Öffnungszeiten** April–Juni 10–12 und 14–18 Uhr, Juli, Aug. 10–18 Uhr, Okt.–Mai 9–12 und 14–17 Uhr; Di geschlossen | **Tipp** Die Loue eignet sich hervorragend für Kanu- oder Kajakfahrten. Akila, 1,5 Kilometer flussaufwärts, verleiht Boote.

83__Die Quelle der Loue

Ein arg verdünnter Absinth

Da schiesst so viel Wasser aus dem Felsen, dass man sich fragt, woher das alles kommt. Eine unerwartete Antwort brachte der 13. August 1901: An der Quelle roch es verdächtig nach Absinth, und das Wasser nahm eine leicht gelbliche Färbung an. Im 15 Kilometer entfernten Pontarlier, das am Doubs gelegen ist, hatte zwei Tage zuvor ein Blitzschlag eine Absinthfabrik in Flammen gesetzt. Die Spirituose, im wahrsten Sinn des Wortes brandgefährlich, wurde von den Feuerwehrmännern kurzentschlossen ins Abwassersystem gekippt – insgesamt 650.000 Liter des begehrten Getränks waren verloren beziehungsweise tauchten zwei Tage später an der Loue-Quelle wieder auf – allerdings arg verdünnt. Für Hydrogeologen war die Katastrophe von 1901 der Beweis, dass der Doubs teilweise im Boden versickert und neben diversen Quellwassern die spektakuläre Quelle der Loue speist. Um sicher zu sein, wurde später ein Test gemacht: Statt Absinth wurde diesmal grünes Färbemittel in eine Felsspalte am Doubs gegossen, es nahm denselben Weg.

Der Ort ist beeindruckend: eine rund 100 Meter hohe Felswand, an deren Fuss aus einem gewaltigen Loch das Wasser hervorschiesst und sich in breiten Kaskaden beruhigt. Der Verlauf eines früheren Seitenkanals, an dem eine Mühle betrieben wurde, und weitere Spuren einer einstigen Kleinindustrie sind auszumachen. Man ist froh, dass hier nicht mehr gearbeitet wird; so kann man sich ungestört der Magie des Orts hingeben. Einzig nach starken Regenfällen kann es gefährlich werden. Links und rechts des Strässchens, das zur Quelle hinunterführt, sind Fluchtwege signalisiert.

Einer, der oft hier sass, war der im nahen Ornans geborene Maler Gustave Courbet (1819–1877). Insgesamt 14 Mal hat er die Quelle auf die Leinwand gebracht. Blickfang der Bilder ist stets dieses grosse, schwarze Loch, aus dem das Wasser hervorschiesst. Die Analogie zu seinem skandalumwitterten Gemälde «L'Origine du Monde» (Der Ursprung der Welt) ist gegeben.

Adresse 25520 Ouhans | **Anfahrt** von Pontarlier 12 Kilometer Richtung Besançon, dann links in die D41 einbiegen und der Beschilderung «Source de la Loue» folgen | **Tipp** Eine Schluchtenwanderung durch die Gorges de Nouailles bietet sich an. Start südlich des Orts Mouthier-Haute-Pierre, in der Nähe des EDF-Kraftwerks. Parkplätze an der D67. In 30 bis 40 Minuten ist man mitten in der Schlucht.

84_Die Destillerie Guy

Absinth und fast Absinth

In der Schweiz war der Absinth von 1910 bis 2005 verboten, in Frankreich von 1914 bis 2011. Während der fast 100 Jahre dauernden Prohibitionszeit ging man dies- und jenseits der Grenze andere Wege. Während die Kleinproduzenten aus dem Val-de-Travers in die Illegalität abtauchten und heimlich weiterbrannten, suchte man im französischen Pontarlier nach gesetzeskonformen Alternativen, um einen wirtschaftlichen Schaden abzuwehren.

Armand Guy, der 1890 mit 20 Jahren eine Absinth-Destillerie gegründet hatte, rettete seine Firma vor den Folgen des Verbots und des Ersten Weltkriegs, indem er einen bereits 1902 kreierten Likör auf der Basis von Tannenknospen unter dem Namen «Le Vrai Sapin» (Die echte Tanne) auf den Markt brachte. Später wurde dieser in «Le Vert Sapin» (Die grüne Tanne) umbenannt, er steht noch heute im Verkaufsregal der Brennerei Guy. Mehr ökonomisches Gewicht hatte jedoch der während der Prohibition entwickelte «Pontarlier-Anis», den Armand Guy der Öffentlichkeit 1921 vorstellte. Der «Pont», wie Liebhaber ihn bald nannten, schmeckte wie Absinth, ohne einer zu sein. Das im Wermutkraut enthaltene Thujon, eine Substanz, die zum echten Absinth gehört und zu dessen Verbot führte, fehlte hier. Nach der Aufhebung des Absinthverbots stellte François Guy, Destillateur in vierter Generation, wieder echten Absinth her, der heute als einziger in Pontarlier das IGT-Label (geschützte Herkunftsbezeichnung) zeigt. Doch ist der «Pont» der Verkaufsschlager der Destillerie geblieben.

Die Familie Guy verkaufte 2020 ihr traditionsreiches Unternehmen, der Vertreter der fünften Generation entschied sich für eine andere berufliche Laufbahn. Der neue Besitzer kommt aus der Spirituosenbranche und hat zugesichert, die Tradition zu wahren und mit dem bisherigen Personal weiterzuarbeiten. Für die Übergangszeit liess er sich von François Guy beraten und in die Rezepte des Hauses einweihen. Somit steht alles zum Besten.

Adresse 49 Rue des Lavaux, 25300 Pontarlier | Anfahrt im Stadtgebiet an der D47 nach Les Alliés | Öffnungszeiten Besichtigung und Degustation: Di–Fr 8.30–11.30 und 14–17.30 Uhr, Sa 8.30–11.30 Uhr | Tipp Das Stadtmuseum präsentiert eine Abteilung über die Absinth-Produktion in Pontarlier (2 Place d'Arçon, Mo–Fr 10–12 und 14–18 Uhr, Sa, So 14–18 Uhr).

85 Die Porte Saint-Pierre

Kein Platz für die Brüderlichkeit

Wer auf Pontarlier zufährt und glaubt, hinter der eindrucksvollen Porte Saint-Pierre, dem Wahrzeichen der Stadt, eine intakte Altstadt zu Gesicht zu bekommen, wird enttäuscht sein. Die Rue de la République, die gradlinige Hauptgeschäftsader der Stadt, ist wenig aufregend, und die von ihr abgehenden Seitenstrassen sind gänzlich gesichtslos. Nichtsdestotrotz: Das Stadttor mit Resten der ehemaligen Stadtmauer zu beiden Seiten ist ein beeindruckendes Bauwerk, auch wenn es auf den Besucher wie eine Potemkin'sche Kulisse wirkt.

Im Verlauf des Holländischen Kriegs (1672–1678) marschierte eine 70.000-Mann-Armee Ludwigs XIV. in der Franche-Comté ein, Spanien musste bei den Friedensschlüssen das Gebiet an Frankreich abtreten. So ist verständlich, dass die nach einem verheerenden Stadtbrand erst 1771 errichtete Porte Saint-Pierre eher als dekoratives denn als defensives Werk konzipiert wurde. In der Tat ist der untere Teil ein klassischer Triumphbogen, mit dem «Sonnenkönig» Ludwig XIV. geehrt werden sollte. Vorbild des Baus mit seinen beiden Seitenportalen war die Porte Saint-Martin in Paris, die ebenfalls der Unterwerfung der Franche-Comté gedenkt.

Der Glockenturm mit Uhr über dem Triumphbogen sowie die beiden Brunnen links und rechts des Tores wurden angeblich auf Wunsch der Pontalissiens, wie die Einwohner der Stadt genannt werden, hinzugefügt und lassen die Idee eines Triumphbogens in den Hintergrund treten. Kaum war die Porte Saint-Pierre fertiggestellt, stand die Französische Revolution vor der Tür. An sie erinnert die Inschrift «République Française – Liberté et Égalité». Die klassische Devise der Revolutionäre hiess «Freiheit, Gleichheit, Brüderlichkeit». Warum in Pontarlier auf die Brüderlichkeit verzichtet wurde, bleibt trotz aller Nachforschungen ein Rätsel. Vielleicht haben die Steinmetze für die «Fraternité» ganz einfach keinen Platz mehr gefunden …

Adresse 95 Rue de la République, 25300 Pontarlier | **Anfahrt** am nordwestlichen Rand des Stadtzentrums | **Tipp** Die Brasserie de la Poste serviert jahraus, jahrein Muscheln mit Pommes frites und klassisch-französische Küche (55 Rue de la République).

86 Die Domaine Overnoy-Crinquand

Der Geschmack des jurassischen Goldes

Mit nur 1.900 Hektar Anbaufläche zählt das Weingebiet des französischen Juras zu den kleinsten des Landes. Besonders bekannt ist die Appellation Arbois, die seit 1936 mit einem AOC-Label geschützt ist. Die besten Tropfen des Arbois findet man im Weindörfchen Pupillin, und hier produziert auf einer Fläche von 5 Hektar die Familie Overnoy-Crinquand erstklassige biologische Weine.

Weine aus dem französischen Jura basieren auf vier Rebsorten, die auch die Tropfen der Domaine Overnoy-Crinquand bestimmen: Chardonnay, Ploussard, eine fast ausschliesslich im Jura angebaute Traube, und Trousseau stehen für Rotweine. Savagnin ergibt einen kräftigen Weisswein mit breitem Aromaspektrum und ist vor allem zuständig für den «Vin Jaune» (gelber Wein), der als «Gold des Jura» gefeiert wird. Damit aus der Traube später das Gold fliesst, wird sie erst geerntet, wenn sie bereits eine leichte Edelfäule aufweist. Nach der Vergärung des Mosts wird der Wein mindestens sechs Jahre und drei Monate lang in Eichenfässern gelagert, die aber nicht vollständig gefüllt werden. Was verdunstet, darf nicht ersetzt werden. Von einem Liter bleiben im Durchschnitt noch 62 Zentiliter übrig. Der so gewonnene Vin Jaune ist exquisit genug, um in eine spezielle Flasche abgefüllt zu werden, in einen sogenannten Clavelin, der exakt 62 Zentiliter fasst.

Der Vin Jaune wird als Aperitif serviert, er begleitet auch gern Fisch und Huhn, und wie die Besucher der Domaine Overnoy-Crinquand bei der Degustation feststellen können, passt auch der einheimische Comté ganz gut zum goldgelben Getränk. Vielleicht führt Sie Mickaël, der das Familienunternehmen in vierter Generation leitet, hinterher in seine Schatzkammer hinunter, in den Weinkeller aus dem 17. Jahrhundert. Dort reifen die besten Tropfen des Juras.

Adresse 3 Rue des Vignes, 39600 Pupillin | Anfahrt von Pontarlier Richtung Dijon, in Salin-les-Bains links nach Arbois abzweigen, dort der Beschilderung Pupillin folgen, im hinteren Teil des Dorfes rechts abzweigen | Öffnungszeiten Mo–Sa 9–12 und 13.30–18 Uhr, Anmeldung erbeten unter Tel. 0384/660145 | Tipp Die Cascade des Tufs, ein wunderschöner Wasserfall, lohnt einen kurzen Spaziergang. Arbois im Osten verlassen, in Mesnay rechts in die D247, nach 3,5 Kilometern beim Hotelkomplex Castel Damandre parken.

87_La Grande Sagneule

... und am Donnerstag Schweinsfüsse

Unter den «Métairies», wie man die Bauerngehöfte in den Jurahöhen nennt, die gleichzeitig ein Restaurant führen, ist La Grande Sagneule ein Bilderbuchbeispiel. Der Bau stammt aus dem 17. Jahrhundert und zeigt ein Krüppelwalmdach, aus dem ein gewaltiger Kamin, ein sogenannter «tué» ragt, der sich hervorragend zum Räuchern von Schinken und Speck eignet. Eine Tafel am Haus vermerkt, dass man sich auf 1.320 Meter Höhe befindet und dass René-Henri L'Hardy-Dufour den Berg, womit wohl die nähere Umgebung der Métairie und diese selbst gemeint sind, der Gemeinde Auvernier vermachte. Der spendable Mann ist heute in Vergessenheit geraten, ganz im Gegensatz zu seinem Schwiegervater: Guillaume Henri Dufour war der erste General der modernen Schweiz und hat die Geschichte des Landes massgeblich mitgestaltet.

Ein solches Erbe zu verwalten, ist eine Verpflichtung. Die derzeitigen Pächter wissen das und zeigen Engagement. Sie halten nicht nur die Métairie gut in Schuss, sondern führen auch eine ausgezeichnete Küche. Die Karte ist klein, aber die Zubereitung stimmt. Der kulinarische Klassiker aller Berggasthöfe im Neuenburger Jura, der «jambon à l'os» (Beinschinken) mit Rösti, ist natürlich auch hier vertreten. Vielleicht schmeckt der Schinken etwas kräftiger als anderswo, schliesslich ist er gut abgehangen. Im Herbst stehen frische Pfifferlinge auf der Karte, ebenfalls mit Rösti serviert. Jeweils am Donnerstag kommt die solide Bauernküche zu Ehren: Schweinsfüsse – den einen ein Graus, den anderen eine Delikatesse.

An sommerlichen Wochenenden füllt sich die Wiese mit ihren langen Holzbänken schnell, besonders beliebt sind die Schattenplätze unter den zwei grossen Bäumen. Wanderer machen Rast, um sich bei einem Glas Wein zu stärken. Dieser kommt in der Regel aus den Anbaugebieten von Auvernier, schliesslich ist die Seegemeinde immer noch Besitzer dieser traumhaft schönen Métairie.

Adresse 2019 Rochefort | **Anfahrt** von La Chaux-de-Fonds Richtung Neuchâtel, am Kreisel vor der Autobahn Richtung Vue des Alpes, dann Abzweig nach La Sagne, am Ende der Strasse Richtung Neuchâtel, nach dem Hôtel de la Tourne in einer scharfen Rechtskurve links hoch, noch 1,5 Kilometer | **Öffnungszeiten** Mai–Okt. Mo–Do und So 10.30–22.30 Uhr, Fr und Sa 10.30–23 Uhr | **Tipp** Eine Kurzwanderung führt in knapp 30 Minuten auf den Mont Racine, der ein grossartiges Panorama freigibt.

88 Die Abtei

Ein Juwel aus dem Mittelalter

Eingebettet zwischen den Hügeln des Nozon-Tals gehört Romainmôtier zu den schönsten Gemeinden des Juras. Einige stattliche Häuser lassen auf eine grosse Vergangenheit schliessen. Tatsächlich spielte die alte Abtei, ein Juwel mitten im schmucken Dorf, eine bedeutende Rolle. Im Mittelalter verfügte das Priorat von Romainmôtier über zahlreiche Ländereien und wurde zum Objekt der Begierde weltlicher Herrschaften.

Archäologen stiessen Anfang des 20. Jahrhunderts auf die Mauern einer Kirche aus dem 5. Jahrhundert, die einem Kloster zugeschrieben wird, das vermutlich vom burgundischen Eremiten Romanus um 450 gegründet wurde. Die heutige Abteikirche ist nicht ganz so alt, blickt aber auch schon auf eine 1.000-jährige Geschichte zurück. Ihr Bau geht auf das 10. Jahrhundert zurück, als die Burgunderkönige die Herrschaft über Romainmôtier der Abtei von Cluny übergaben, einem Zentrum des Benediktinerordens. Die von den Cluniazensern gebaute Kirche ist denn auch eine Kopie der 20 Jahre zuvor errichteten, heute zerstörten zweiten Abteikirche von Cluny. Spätere Erweiterungen beeinträchtigen das harmonische Ensemble ebenso wenig wie einige gotische Elemente in der klassisch romanischen Kirche. Die letzten Umbauten datieren von 1445.

Das Kircheninnere ist relativ schmucklos. Die Fresken aus dem 14. Jahrhundert sind nur noch teilweise erhalten, vor allem links im Chor und an der Rückwand. Rechts des Chors überrascht das Grabmal eines Priors aus dem 14. Jahrhundert. Vielleicht werfen die Besucher auch noch einen Blick auf die «Kanzel». Es handelt sich um einen sogenannten Ambo, einen Vorläufer späterer Kanzeln. Er stammt aus einer Vorgängerkirche aus dem 8. Jahrhundert. Wer wieder nach draussen tritt, findet noch Überreste des ehemaligen gotischen Kreuzgangs. Sie geben einen Eindruck davon, dass die alte Abteikirche einst nur ein Teil eines grösseren Klosterkomplexes war.

Adresse Chemin Derrière-l'Église, 1323 Romainmôtier-Envy | ÖV Bahnhof Croy-Romainmôtier, dann Bus 683, Haltestelle Romainmôtier Poste | Tipp Knapp oberhalb der Abtei liegt das Bäckerei-Café Fleur de Farine, das vor den Augen der Kundschaft bäckt und auf regionale Produkte Wert legt (Mo–Mi geschlossen).

89 Die BFM

Die etwas andere Brauerei

Das berühmteste Bier der Brasserie des Franches-Montagnes, kurz BFM genannt, trägt den sonderbaren Namen «Abbaye de Saint Bon-Chien» (Abtei des Heiligen Guten Hundes), das Flaschenetikett könnte geradeso gut ein altehrwürdiges bayerisches Klosterbier zieren, hätte da der schreibende Mönch nicht einen Katzenkopf. «Madam' Massine», ein Weizenbier mit pflaumigem Aroma, wird als «Liebestrank mit leichter Säure und feinsinniger Bitterkeit» beworben. Das «Highway To Helles Velvet Underground» enthält Hafer vom Jura.

Jerôme Rebetez, Gründer der BFM, ist kreativ in der Herstellung von Bieren wie auch in deren Präsentation. Das Produkt der fiktiven Abtei des Heiligen Guten Hundes wurde von der «New York Times» 2009 zum weltweit besten Bier gekürt. Das elfprozentige Ale mit ausgeprägter Säure ruht zwölf Monate lang in Eichenfässern, in denen Rotweine gelagert wurden, die so aromatische Spuren im Bier hinterlassen. Kein Wunder, dass das «Abbaye de Saint Bon-Chien» zu Weinpreisen gehandelt wird, die 75-Zentiliter-Flasche kostet knapp 20 Franken. Die anderen Biere – die Palette ist gross – sind wesentlich billiger zu haben. Allen BFM-Bieren gemeinsam ist, dass sie im Gegensatz zum Industriebier weder zentrifugiert noch gefiltert oder pasteurisiert werden.

Die BFM, in der Industriezone von Saignelégier zu Hause, beschränkt sich aber nicht auf die Kunst des Bierbrauens. Die junge Equipe hat mehr im Sinn, als auf Wunsch durch die Brauerei zu führen. Der grosse Raum mit seinen langen Holztischen, Stühlen, Kanapees und sogar drei Kickern geht in eine Bühne über. Hier finden regelmässig musikalische Events statt – stets gratis! Im Sommer sind die beiden Terrassen gut besucht. Die Stimmung ist ausgelassen, einige trinken einfach nur ihr Bier. Andere sind neugierig auf die Spezialität des Hauses, das mit Bier zubereitete Käsefondue, und überlegen, welches der BFM-Biere wohl am besten dazu passt.

Adresse Chemin des Buissons 8, 2350 Saignelégier | ÖV Bahnhof Saignelégier | Öffnungszeiten Mo geschlossen, sonst täglich anders, zum Beispiel 11.31 – 1.16 Uhr, siehe www.brasseriebfm.ch | Tipp Saignelégier ist als Zentrum der Pferdeliebhaber bekannt. Begleitete Ausritte kann man bei der Manège des Franches-Montagnes, am Ortsrand Richtung Biel, unternehmen.

90_Der Étang de la Gruère

Ein Fest für das Auge und die Seele

Das Hochmoor rund um den Étang de La Gruère entstand vor rund 12.000 Jahren, nachdem sich mit dem Ende der letzten Eiszeit die Gletschermassen zurückgezogen hatten. Der wasserundurchlässige Mergelboden begünstigte die Entwicklung von Torfmoosen, schliesslich bildete sich eine bis zu fünf Meter dicke Torfschicht. Bauern hatten das Material, auf dem Pflanzen besonders gut gedeihen, schon immer abgebaut. Als auch die Industrie Interesse zeigte – Torf statt Holz als Brennstoff –, wurden Naturschützer aktiv. Seit 1987 stehen Moore in der ganzen Schweiz unter Schutz, Torfstechen ist passé.

Der verträumte Weiher, der hier mitten im Moor liegt, ist noch gar nicht so alt. Im 17. Jahrhundert wurde der Boden mit Gräben durchzogen, die das Wasser in eine Mühle leiteten. Bei der Renaturierung des Moors mussten die Gräben wieder mit Torf aufgefüllt und Dämme errichtet werden, um das Ganze abzusichern. Das Wasser konnte so durch den Torf wieder an die Oberfläche steigen, die Moorlandschaft sich erholen. So verhilft der künstliche See der Natur und ihrer Biodiversität zu ihrem Recht.

Der Spaziergang rund um den Weiher dauert kaum mehr als eine Stunde und ist ein Fest für naturliebende Seelen. Über Holzstege und wurzeligen Waldboden führt der Rundweg stets nah am Wasser entlang. Im Schilf zeigen sich Entenfamilien, in der Luft kreist gelegentlich ein einsamer Milan – eine wunderbar ruhige Natur. Bei schönem Wetter ist man bestimmt nicht allein, schon gar nicht an sommerlichen Wochenenden. Sollten Besuchermassen kommen, werden vielleicht die absurden Verkehrszeichen am Anfang des Wegs befolgt, die eine Umrundung im Gegenuhrzeigersinn ohne Gegenverkehr vorsehen. Im bis zu fünf Meter tiefen Weiher darf gebadet werden, auf eigene Gefahr. Einige kleine Holzstege erleichtern den Einstieg. An sehr kalten Wintertagen kann man über den Weiher spazieren, ebenfalls auf eigene Gefahr.

Adresse Le Chaumont, 2350 Saignelégier | **ÖV** Bahnhof Saignelégier, Bus 32 oder 133 in Richtung Tramelan, Haltestelle La Theurre | **Tipp** Das Centre Nature Les Cerlatez informiert über das Hochmoor und die gesamte Natur der Freiberge (März–Okt. Mo–Mi und Fr 13.30–17 Uhr, Sa 11.30–18 Uhr).

91__Die Halle des Marché-Concours

Ein Ort für den gutmütigen Freiberger

Jährlich am zweiten Augustwochenende platzt Saignelégier, Hauptort der Franches-Montagnes (Freiberge), aus allen Nähten. Dann fallen über 50.000 Besucher aus der ganzen Schweiz und dem nahen Ausland ins Dorf ein, das kaum mehr als 2.600 Einwohner zählt. Der «Marché-Concours» ist ein nationales Fest rund um das Pferd: Pferdemarkt, Schönheitswettbewerb für Hengste und Stuten, Pferderennen und mehr.

Im heimlichen Zentrum des Events steht der im Jura einheimische Freiberger, der als letzte reine Schweizer Pferderasse gilt. Zuchtexperimente haben ihm zugesetzt, sodass sein Leben als reinrassiges Tier bedroht ist. Nicht zuletzt spielten dabei unterschiedliche Interessen der Bauern einerseits und der Schweizer Armee andererseits eine Rolle, die einen wollten ein Arbeitspferd, die anderen ein Reitpferd. Heute fahren die Bauern Traktoren, die Armee löste 1971 ihre Kavallerie auf. Der als gutmütig gelobte Freiberger hat ökonomisch wie militärisch ausgedient. Der Schweizerische Freibergerverband, der sich der Förderung der Rasse verschrieben hat und vom Staat als offizielle Zuchtorganisation anerkannt ist, bietet Liebhabern die Tiere als ideale Freizeitpartner an.

Der erste Marché-Concours fand 1897 statt. Das Bedürfnis nach einem zweckdienlichen, repräsentativen Gebäude machte sich offenbar rasch bemerkbar, und so konnte bereits 1904 die riesige Halle mit ihren flankierenden Türmen eingeweiht werden. Rechtzeitig zu seinem 100. Geburtstag erfuhr der Bau eine umfassende Renovation, die am architektonischen Gesamteindruck nichts änderte. Die Halle steht schliesslich unter Denkmalschutz. Sie wird heute für diverse Anlässe genutzt, unter anderem findet hier jährlich an einem Septemberwochenende ein Bio-Markt statt – mit rund 25.000 Besuchern der grösste der Schweiz.

Adresse Chemin du Chasseral 1, 2350 Saignelégier | ÖV Bahnhof Saignelégier | Tipp Gleich unterhalb der Halle befindet sich das selbstverwaltete Café du Soleil, das als kulturelle Institution schweizweit bekannt ist.

92 Das Chalet Mont de la Mayaz

Am besten bei Sonnenuntergang

Vom Col des Étroits, der Passhöhe über Sainte-Croix, führt ein Strässchen weiter hinauf, das sich später gabelt und je nachdem beim Chalet Mont de la Mayaz oder beim Gehöft Le Sollier endet. Es handelt sich um sogenannte Alpages, Sommerweiden für das Rindvieh, das hier frisches Gras im Überfluss findet. Und hier wie dort ist die Alpage mit einem Restaurant ausgestattet. Einheimische machen an Wochenenden gern einen Ausflug zu diesen abgelegenen Örtlichkeiten, die in jüngster Zeit auch von Touristen entdeckt wurden.

Das Chalet Mont de la Mayaz, auf 1.315 Meter Höhe gelegen, wartet gleich mit zwei Überraschungen auf. Während sich auf den meisten bewirtschafteten Alpages die Küche weitgehend auf Klassiker wie Beinschinken und Rösti, Fondue oder gebackenen Tomme-Käse beschränkt, ist das Angebot hier vielfältiger. Allein schon das Fondue wird in drei Variationen zubereitet. Neben dem üblichen Moitié-Moitié (halb Gruyère, halb Vacherin) und einem reinen Tomme-Fondue wird auch ein Fondue aus Ziegenkäse angeboten – ungewöhnlich, aber es schmeckt hervorragend. Im Herbst ist Jagdsaison, da ist ein «Menu Chasse» (Wild) selbstverständlich. Gelegentlich stehen auch ein paar fremdländische Einsprengsel auf der Karte. Seit 2019 wirtschaftet hier ein portugiesisches Paar, das aus welchen Gründen auch immer die kühl-kalten Jurahöhen der heissen Heimat vorgezogen hat.

Die andere Überraschung geniesst man am besten – auch hier ist die portugiesische Bereicherung des Angebots willkommen – bei einem Drink in einem der Liegestühle vor dem Chalet. Bei schönem Wetter reicht der Blick über mehrere Jurahügelzüge bis zum Mont d'Or. Das Nonplusultra: mit einem Drink in der Hand noch den Sonnenuntergang erleben, bevor es auf dem Mont de la Mayaz empfindlich kühl wird.

Adresse Le Mont de la Mayaz 702, 1450 Sainte-Croix | **Anfahrt** von Sainte-Croix Richtung Neuchâtel, auf der Passhöhe die schmale Strasse rechts hochfahren, dann bei der Gabel links | **Öffnungszeiten** Juni–Nov. Mo und Mi–Fr 11.30 – 14.30 und 17.30 – 21.30 Uhr, Sa, So 11.30 – 21.30 Uhr | **Tipp** Das Internationale Automaten- und Musikautomaten-Museum (CIMA) in Sainte-Croix ist weltberühmt (www.musees.ch).

93 Der Mann über der Strasse

Ein angesehener Bürger von Sainte-Croix

Wer ist denn dieser korrekt gekleidete Mann mit den abstehenden Ohren, der durch die schwarze Brille nach oben schaut? Der ehemalige Direktor der stillgelegten Fabrik gegenüber, der sich ergeben einem göttlichen Gericht stellt? Erwartet er ein Urteil? Oder sucht er nur den Himmel nach Flugzeugen ab? Merkt er denn nicht, dass er gleich in der Wiese versinken wird?

Denis Perret-Gentil hat seiner Skulptur den Titel «L'homme qui regarde le ciel» (Der Mann, der den Himmel betrachtet) gegeben. Das hilft dem Interpreten erst einmal nicht weiter, vielmehr wirft es ihn auf das zurück, was er in die Figur projiziert. Das wiederum liegt durchaus in der Absicht des Künstlers. Auch Kunstbetrachtung ist ein kreativer Akt, und ein irritierendes Werk ist der Kontemplation förderlich. Perret-Gentil hat noch weitere solche überdimensionierte Figuren aus Polyester geschaffen, die bekannteste sitzt unten in Yverdon, am Ufer des Neuenburgersees: Dort starrt ein Mann durch ein Fernglas in die weite Welt, Titel «Voyage immobile». Er reist, ohne sich zu bewegen – und schickt den Betrachter auf seine eigene Reise.

Für seine Polyesterskulpturen fertigt Perret-Gentil erst ein kleines Modell aus Gips an, das er aus zwei oder drei Perspektiven fotografiert und an die Wand projiziert. Dazu reicht ein Overheadprojektor, wie man ihn in den Schulen gelegentlich noch verwendet. Anhand der Projektion baut er dann eine Struktur aus Draht, die eine solide Basis für seine Arbeit mit dem Polyester abgibt. Für die Farbgebung verwendet er vorzugsweise mineralische Substanzen, die halten länger. So wurde auch der Mann geboren, der in den Himmel schaut. Autofahrer lassen die Scheibe herunter und zücken ihr Smartphone, Spaziergänger nehmen sich Zeit für ein Selfie zu zweit. Der Mann mit der Krawatte posiert, ohne mit der Wimper zu zucken. Als prominenter Bürger von Sainte-Croix ist er das gewohnt.

Adresse Rue des Rasses, 1450 Sainte-Croix | ÖV Bahnhof Sainte-Croix, von dort ins Zentrum und oberhalb des Hôtel de France die Rue des Rasses hochgehen | Tipp Das Hôtel d'Espagne vereint in einem Raum ein einladend modernes Restaurant, eine Bäckerei und eine Konditorei (Rue Centrale 16).

94_Die Rue Bakounine

Ein Dorf ehrt einen Anarchisten

Bismarck, Hindenburg, Willy Brandt, Franz-Josef Strauss – in Deutschland haben zahlreiche Politiker postum die Ehre erfahren, dass Strassen nach ihnen benannt werden. In der Schweiz ist man etwas vorsichtiger, Politiker werden meist erst lange nach ihrem Tod als taugliche Namensgeber befunden, und ausländische Politiker tauchen auf Stadtplänen höchst selten auf. Dass in einem jurassischen Dorf mit rund 5.000 Einwohnern ein notorischer Revolutionär wie der russische Anarchist Michail Bakunin zu Ehren kommt, mag überraschen; ein Blick auf die politischen Auseinandersetzungen im Europa des 19. Jahrhunderts macht die Entscheidung der Behörden von Saint-Imier verständlich.

Auf dem Höhepunkt der Industrialisierung war 1864 in London die Internationale Arbeiterassoziation, später als Erste Internationale bekannt, gegründet worden, die sehr bald von Karl Marx dominiert wurde. Unüberbrückbare Differenzen zwischen Marx mit seinen autoritär-zentralistischen Ideen und Bakunin, der für antiautoritär-föderative Strukturen plädierte, führten zum Bruch, der Anarchist wurde aus der Internationalen hinauskatapultiert. Diverse libertäre, föderalistische Organisationen, unter anderen die «Fédération jurassienne», in der Bakunin aktiv war, hielten daraufhin 1872 in Saint-Imier, wo sie in Uhrmacherkreisen eine starke Basis hatten, einen Gegenkongress ab, der in die Antiautoritäre Internationale mündete.

Die Zeiten in Saint-Imier sind ruhiger geworden, aber die libertäre Tradition wird wachgehalten. Zum 140. Jahrestag der anarchistischen Internationalen kamen 2012 immerhin rund 3.000 Anarchisten aus diversen Ländern ins Dorf, wenn auch viele von ihnen sich eher für Punk als für Politik interessierten. 2017 wurde die Rue Bakounine eingeweiht – am Dorfrand, halb Industriezone, aber nur 300 Meter vom 1996 abgerissenen Restaurant entfernt, in dem der russische Anarchist den Imériens seine libertären Ideen vorstellte.

Adresse Rue Bakounine, 2610 Saint-Imier | **ÖV** Bahnhof Saint-Imier, von dort Rue du Vallon, dann links in die Rue du Pont und gleich wieder rechts in die Rue de la Clef, auf dieser noch 10 Minuten zu Fuss | **Tipp** Das 1984 gegründete, selbstverwaltete Kulturzentrum «Espace Noir» im Ortszentrum atmet libertären Geist: Café, Galerie, Buchhandlung (Rue Francillon 29).

95 Das Kettenglied

Wo Karl der Kühne scheiterte

Das fest im Felsen verankerte Kettenglied und die Inschrift «1476» führen zurück in die Zeit der Burgunderkriege. Karl der Kühne machte sich mit einem Heer von 50.000 Männern auf, um gegen das eidgenössische Bern vorzugehen, dessen territoriale Ambitionen ihm schon lange ein Dorn im Auge waren. Er wählte den Weg vom Château de Joux über die enge Schlucht, die nach Saint-Sulpice hinunterführt. Ein Wehrturm, dessen Überreste im steilen, schwer zugänglichen Waldboden man heute eher ahnt als sieht, schützte den schmalen Durchgang zusätzlich. Das grösste Hindernis für den Kühnen jedoch war eine schwere eiserne Kette, angeblich von den Bauern der Umgebung in einer einzigen Nacht gefertigt, die quer über die Passage gespannt wurde. Die armbrustbewehrten Eidgenossen empfingen am 8. Februar 1476 die burgundische Vorhut mit einem Hagel aus Pfeilen, sodass diese Hals über Kopf den Rückzug antrat.

Die Burgunder fanden schliesslich einen Weg über das weiter südlich gelegene Jougne und marschierten von dort gegen Bern. Erfolglos: In der Schlacht von Grandson (März 1476) verlor Karl der Kühne das Gut, in der Schlacht von Murten (Juni 1476) den Mut und nach seinem Rückzug in der Schlacht von Nancy (Januar 1477), bei der 8.000 eidgenössische Söldner die Lothringer unterstützten, schliesslich das Blut, Ende der Burgunderkriege. So jedenfalls lernen es Schweizer Schüler im Geschichtsunterricht, der die Taten der Eidgenossen gern zu heroisieren pflegt.

Die berühmte Kette wurde später verlängert – die Passage war verbreitert worden –, neue eiserne Glieder wurden im 18. und 19. Jahrhundert angefügt. Dann wurde sie gestohlen und kam wieder zum Vorschein, nachdem der Dieb denunziert worden war. 1861 wurde sie dem zwei Jahre zuvor gegründeten Museum in Fleurier anvertraut. Heute gehört sie zu den Kostbarkeiten des Regionalmuseums in Môtiers – bis auf das Glied, das gut im Felsen verankert ist.

Adresse 2123 Saint-Sulpice | Anfahrt von Fleurier Richtung Pontarlier, am Kreisel nach dem Strassentunnel parken, zu Fuss ein paar Schritte zurück, dann vor dem Tunnel rechts das Waldsträsschen 300 Meter hinuntergehen | Tipp Am Ortseingang von Saint-Sulpice serviert das Restaurant du Moulin eine exzellente regionale Küche (Mo geschlossen).

96__Das Volkswrecks-Museum

Spass am Strandgut der Strasse

«VW-Museum» steht auf dem Wegweiser, dessen braune Farbe auf eine touristische Sehenswürdigkeit hinweist. Wer aber meint, die Wolfsburger Zentrale würde im abgelegenen Val-de-Travers mit einem werkeigenen Museum Reklame machen, liegt falsch. Eher dürfte man in den VW-Chefetagen empört sein. Hier wird nämlich lauter Schrott gezeigt – und dies mit viel Hintersinn und Spass.

Auf Französisch übersetzt Museumsgründer Stéphane Leuba «Volkswrecks» listig mit «épaves du peuple» (Wracks des Volkes), die Museumsstücke aber sind ausschliesslich ausgediente Volkswagen, nicht selten komplett durchgerostete, ausgeweidete Karosserien. Und mit denen, das zeigt die aberwitzige Szenografie, lässt sich einiges anstellen. Oft scheint es, als hätte der Konservator mit dem im Wald gefundenen Schrott-Käfer gleich ein Stück Wald mitgenommen: Moos auf dem Dach, und aus dem Fenster starrt eine neugierige Gämse. Natürlich kommt auch der gute alte Bulli zu Ehren, als Flower-Power-Gefährt mit Schilfdach, als Absinth- oder Brotladen oder wohnlich mit Bibliothek und Spielzeug ausgestattet. Die Polizei war im Käfer auf Streife, die Feuerwehr leistete sich immerhin einen Passat. Karmans und Strandbuggys von VW fanden Eingang in das verrückte Museum, das auf drei Etagen – stets im passenden Dekor – rund 150 Exponate präsentiert.

Für so viel Blech muss man entsprechend Platz haben. Den fand Stéphane Leuba in einer ehemaligen Zementfabrik, deren Räume sich als ausreichend gross erwiesen, um noch einen Bankettsaal, der auch für Veranstaltungen genutzt wird, ein verstecktes Fonduestübchen mit Tischen auf einem VW-Bus sowie die geräumige «Rat's Bar» einzurichten, an deren Theke die Gäste auf Radzierblenden sitzen.

Auch Kinder lieben das Volkswrecks-Museum; in den oberen Geschossen staunen sie, im Erdgeschoss dürfen sie nach Belieben herumrennen oder sich in einem der Schrottautos ans Steuer setzen.

Adresse Rue des Fosseaux 9, 2123 Saint-Sulpice | **ÖV** Bahnhof Fleurier, dann Bus 590, Haltestelle Saint-Sulpice Terminus, den Fluss überqueren, dann die 1. Strasse links | **Öffnungszeiten** April–Okt. Sa, So 10–17 Uhr | **Tipp** Von der Bushaltestelle sind es 15 Minuten zu Fuss bis zur Quelle der Areuse – ein angenehmer Spaziergang.

97_Das Atelier Dangon

Feuer und Flamme für ein schmuckes Produkt

Allein schon die Lage ist der Inspiration förderlich: vor der Werkstatt ein kleiner Garten, nach hinten ein zweiter, darüber die werkstatteigene Boutique, und unten verlässt die Furieuse, der kleine Fluss, der sich durch Salins-les-Bains zieht, das Städtchen. An diesem idyllischen Plätzchen arbeiten Benoît und Mina Dangon, er als Töpfer in dritter Familiengeneration, sie als Glaskünstlerin. Die Werkstatt ist zweigeteilt, aber ohne räumliche Abgrenzung. So ist der Austausch von Werkzeugen jederzeit möglich, auch der von beratenden Worten.

Benoîts Grosswerkzeuge sind eine elektrisch betriebene Töpferscheibe und ein Gasofen, in dem die Formen bei einer Temperatur von 1.300 Grad Celsius gebrannt werden. Für die Emaille, mit der das Produkt anschliessend überzogen und verziert wird, verwendet er gern auch pflanzliche Asche, hauptsächlich aus Holz von Eichen oder Rebstöcken aus der Region, das im Kamin des Hauses verfeuert wird. Mina ihrerseits arbeitet vorwiegend mit Glas, ihr Brennofen bringt das Material bei 800 Grad zum Schmelzen. Oder sie hält es unter die Flamme eines Schweissbrenners und formt es behutsam nach ihren eigenen Vorstellungen. Für Farbgebung und Dekor steht ihr ein Regal voller Dosen mit Pülverchen, auch welche auf pflanzlicher Basis, zur Verfügung. Die Glaskünstlerin bezeichnet sich als «Factrice de perles» (Perlenmacherin) und «Fileuse de verre» (Glasspinnerin); Letzteres erinnert an ein altes Handwerk, dessen Tradition noch in ein paar Werkstätten Thüringens fortlebt.

Die Produkte des kreativen Künstlerpaars sind oben in der Boutique zu besichtigen – und natürlich auch zu kaufen. Gebrauchsgegenstände und Schmuck: Geschirr aus Steingut, bemalte Keramikkugeln, schmucke Glasperlen, Armreife, Ohrringe und mehr. Inmitten der bunten Ausstellung steht ein Piano, das Benoît von seiner Grossmutter geerbt hat. Das Notenbuch ist aufgeschlagen. Ab und zu braucht der Töpfer Entspannung.

Adresse Le Martinet du Bas, 39110 Salins-les-Bains | Anfahrt von Pontarlier 45 Kilometer Richtung Dijon, kurz nach dem Ortsende von Salins-les-Bains | Öffnungszeiten Mo–Sa 10–19 Uhr, Juli, Aug. und Dez. auch So | Tipp Die zu einem Ferienzentrum umgebaute Festung Fort Saint-André mit einem Abenteuerpark für Kinder ist 2,5 Kilometer entfernt hoch über dem Städtchen gelegen.

98 Die Grosse Saline

Zeugen aus glorreichen Zeiten

Heute ist ein Kilo Speisesalz spottbillig, das war nicht immer so. Das «weisse Gold» war so kostbar, dass bis in die Neuzeit hinein vielerorts der Staat das Monopol beanspruchte. So wurde in Frankreich die Salzsteuer erst mit der Revolution 1790 abgeschafft. In der Schweiz liegt das Salzmonopol noch heute bei den Kantonen, die es allerdings alle an die Schweizer Salinen AG delegiert haben, wo sie Anteilseigner sind.

In Salins-les-Bains wurde schon seit Menschengedenken Salz abgebaut. Um das kostbare Gut gegen Angriffe zu verteidigen, wurde im 13. Jahrhundert die Grosse Saline zu einer eigenen Festung innerhalb des bereits befestigten Städtchens ausgebaut. Die Saline hatte sogar ihre eigene Justiz, um Diebe und Schmuggler abzuschrecken, und verfügte über Pranger und Galgen. Von dieser Festungsanlage sind heute nur noch Reste zu sehen. Komplett erhalten ist jedoch die riesige Unterkellerung aus dem Mittelalter mit ihren gigantischen Einrichtungen zur Salzgewinnung aus dem 18. und 19. Jahrhundert.

Unter dem Gewölbe des 10 Meter hohen und 165 Meter langen Raums kommt Ehrfurcht auf. Industrielles Herzstück ist eine Pumpe aus dem 19. Jahrhundert mit einem gewaltigen Schaufelrad, angetrieben vom Flüsschen Furieuse, und einem Balancier aus Holz von 32 Meter Länge. Die damit aus den Tiefen geholte Sole wurde in riesigen Kesseln über dem Holzfeuer aufgeheizt, bis das so gewonnene Salz zu brotartigen Laiben geknetet werden konnte – dies bei einer Raumtemperatur von über 50 Grad.

Zeitweise beschäftigte die Grosse Saline bis zu 1.000 Arbeiter, noch mehr waren in den Wäldern, die verfeuert wurden, zugange. 1962 schloss der Betrieb seine Pforten. Die industrielle Salzgewinnung war gegenüber der landwirtschaftlichen Variante, dem Ernten von Meersalz nach Verdunstung des Wassers dank Sonne und Wind, nicht mehr rentabel. Immerhin konnten jetzt die verbliebenen Wälder aufatmen.

Adresse 3 Place des Salines, 39110 Salins-les-Bains | Anfahrt von Pontarlier 43 Kilometer Richtung Dijon | Öffnungszeiten Führungen: April–Juni und Sept., Okt. 10 Uhr, 11 Uhr, 12 Uhr, 14.30 Uhr, 15.30 Uhr, 16.30 Uhr, Juli, Aug. alle 30 Minuten 10–17.30 Uhr (13 Uhr auf Deutsch), Nov.–März 10.30 Uhr, 14.30 Uhr, 16 Uhr | Tipp Ein Besuch in der ThermaSalina am nördlichen Ortsausgang lohnt sich: mehrere Schwimmbecken, eine Sauna und ein Hamam (Mo–Sa 14.30–18.30 Uhr, So 9.30–11.45 und 14–17.30 Uhr).

99 Der Kreuzweg

Erst 13, dann 14 Stationen

Kreuzwege haben im Katholizismus eine Tradition, die bis ins Mittelalter zurückreicht. Waren es früher nur 7 Stationen, an denen die Gläubigen niederknieten, so ist ab dem 17. Jahrhundert der Kreuzweg mit 14 Stationen die Regel, von denen jede einzelne eine bestimmte Episode von der Verurteilung Christi durch Pilatus bis zur Grablegung bildnerisch darstellt. Sombacour zählt zu den Ausnahmen, hier beschränkte man sich auf 13 Stationen, die Grablegung fehlt.

Der Kreuzweg geht auf eine Initiative des Dorfpfarrers zurück und wurde von 1891 bis 1895 im damals beliebten neogotischen Stil angelegt. Die Arbeiten kamen im Tempo der aus der Bevölkerung eingehenden Spenden voran. Die Namen der Geldgeber sind im Sockel der jeweiligen Stationen verewigt. Der Weg führt im Zickzack an den identisch gestalteten Haltestellen der Andacht vorbei. Oben steht der Pilger vor einem kleinen Oratorium, in dem Maria mit zwei Engeln thront. Es stammt aus dem Jahr 1879, ist also etwas älter als die Stationen, aber ebenfalls im neogotischen Stil gehalten. So jedenfalls sah der Kreuzweg bis 1956 aus. Dann dachte man doch noch an eine 14. Station: Ein paar Stufen führen zu einem an den Felsen gebauten Gebetsraum, in dem der Leichnam Christi liegt, zu dessen Füssen ein kaum wahrnehmbares Engelchen wacht. Das ergreifende Werk stammt von Charles Auffret (1929–2001), einem Bildhauer aus Besançon und vehementen Verteidiger der figurativen Kunst. In das eiserne Gitter, das den Betrachter auf Abstand hält, sind Gegenstände der Passionsgeschichte montiert: Geldbeutel mit Judaslohn, Dornenkrone, Hammer, Zange und Nägel.

Der kurze Pilgerweg ist nicht anstrengend. Wer, oben angekommen, trotzdem ausser Atem ist, schätzt die kleine Bank vor dem Oratorium. Von ihr schweift der Blick über das Dorf und die 13 Stationen. Sie scheinen wie auf dem Hügel zerstreut, gehorchen aber einem streng geometrischen Muster.

Adresse 25520 Sombacour | Anfahrt von Pontarlier Richtung Dijon, hinter Houtaud rechts abzweigen, insgesamt 10 Kilometer | Tipp Zweigt man im Dorf rechts in die D48 ab, erreicht man nach acht Kilometern Le Relais du Terroir: Käserei, Spezialitätengeschäft und Restaurant mit schöner Terrasse.

100 Die Burgruine Erguel

Ort einer tödlichen Liebschaft

Im Jahr 2020 wäre Erguel beinahe wiederauferstanden. Doch die Stimmberechtigten von fünf Gemeinden des Tals entschieden sich gegen eine Fusion zur Grossgemeinde. Diese hätte Erguel heissen sollen – wie die alte Vogtei, deren Burgruine einsam im Wald über Sonvilier thront.

Gebaut wurde die Burg im 12. oder 13. Jahrhundert von den Herren von Erguel, die im Tal die Herrschaftsrechte des Basler Bischofs wahrnahmen. Nachdem der Vertreter Basels seinen Sitz 1606 nach Courtelary verlegt hatte, blieb nur noch ein Wächter zurück. Im darauffolgenden Dreissigjährigen Krieg wurde die Burg weitgehend beschädigt und nach einigen Reparaturen bald sich selbst beziehungsweise der Natur überlassen. 1845 wurde sie von der Gemeinde Sonvilier erworben, deren Bürger sich als Besitzer die Freiheit nahmen, einen Grossteil des Mauerwerks abzutragen und für den Bau eigener Häuser zu verwenden. Dem schob 1929 die Eidgenossenschaft einen Riegel vor, sie stellte die Ruine unter nationalen Schutz. Eine letzte Restauration wurde 1997 angegangen. Der stolze Turm, einziges Relikt einer einst grösseren Burganlage, wurde ausgebessert und von der Vegetation, die ihn fest im Griff hatte, befreit, sodass er jetzt von weither sichtbar ist.

Wie bei alten Ruinen üblich, kreist auch um die Burg Erguel eine Legende. Philippine aus dem Geschlecht derer von Erguel, ihres blendend weissen Teints wegen «La Dame Blanche» genannt, war der Traum zahlreicher junger Aspiranten. Der schliesslich Auserwählte entsprach leider nicht dem väterlichen Geschmack – zu wenig Adel. Bei einer versuchten Flucht der beiden erschien der Burgherr am Fenster, zückte die Armbrust und erschoss den Bräutigam in spe. Die unglückliche Philippine sperrte sich daraufhin in ihrem Zimmer ein, verweigerte jegliche Nahrung und verhungerte. Jährlich an Weihnachten soll nachts in der Ruine ein lautes Klagen der weissen Dame zu hören sein.

Adresse 2615 Sonvilier | ÖV Bahnhof Sonvilier, die Rue de la Gare hinuntergehen, die Hauptstrasse bei der Epicerie Chez Peppe überqueren, dann ausgeschildert, insgesamt circa 35 Minuten | Tipp Knapp vor der Ruine führt ein Wanderweg (circa 45 Minuten) zum etwas höher gelegenen, beliebten Restaurant Les Pontins (Mo geschlossen); der Rückweg ist auch über Saint-Imier möglich.

101 Die Kirche

Eine überzeugende Renovierung

Die durch ihre Schlichtheit und Harmonie beeindruckende Kirche ist das Resultat sowohl einer Restaurierung wie auch einer Renovierung, die von 1957 bis 1963 dauerte. Damit beauftragt wurde Jeanne Bueche, Spezialistin für Kirchenarchitektur und erste Architektin, die in der Westschweiz ein eigenes Büro unterhielt. Das wieder instandgesetzte Dach – flache Platten aus Kalkstein, der in der Gegend abgebaut wird – ist in der Schweiz ein Unikum, nördlich der Alpen sind Kirchen mit Steindächern unbekannt. Mittlerweile haben erste zarte Pflanzen sich gegen den Stein durchgesetzt, am Turm zeigt sich etwas Moos. Daran stört sich niemand.

Jeanne Bueche machte in einem ersten Schritt die Veränderungen einer fragwürdigen Renovierung von 1888 rückgängig. Der Turm bekam wieder ein Satteldach, im Inneren wurden Stuck und anderer Dekor, der vielleicht dem Zeitgeist von 1888 entsprochen hatte, entfernt. Doch beschränkte sich die Architektin nicht auf eine Restaurierung der Architektur, aus der Kirche liess sich mehr machen. Sie nahm Kontakt mit dem Basler Künstler Ernst Stocker, bekannt unter dem Namen Coghuf, auf, der sich 1946 im nahen Örtchen Muriaux niedergelassen hatte. Ihm wurde die Gestaltung der Glasfenster anvertraut.

Coghuf war ein angesehener Maler, bekannt vor allem für seine Wandbilder, mit Glasfenstern hatte er noch wenig Erfahrung. Die biblischen Motive wurden abgesprochen, das Resultat ist bemerkenswert. Figuren lösen sich in der nicht-figurativen Kunst auf, sind allenfalls noch zu erahnen. Eine Broschüre hilft: hier die Bergpredigt, dort die Auferstehung des Lazarus. Der Betrachter sieht Farbflächen, die oft in Opposition zueinander stehen, aber das Gleichgewicht halten, sodass für das Auge keine Unruhe aufkommt. Wenn draussen die Sonne scheint, hüllt sich der Kirchenraum in ein mildes Licht und gibt vielleicht spirituellen Halt, zumindest regt er zur Kontemplation an.

Adresse Au Village, 2887 Soubey | Anfahrt von La Chaux-de-Fonds Richtung Delémont, nach 30 Kilometern am Ortsende von Montfaucon links abzweigen | Tipp Am rechten Ufer entlang führt die Strasse nach vier Kilometern zur Passerelle de Clairbief, einer leuchtend roten Hängebrücke für Fussgänger. 500 Meter weiter serviert das gleichnamige Restaurant Forellen aus dem Doubs.

102 Die mittlere Mühle

Retten, was noch zu retten ist

Der Doubs ist ein eigenwilliger Fluss. Seine Quelle liegt in Frankreich, er fliesst erst von West nach Ost, dringt in die Schweiz ein, ändert dort seine Richtung und findet von Ost nach West nach Frankreich zurück. Im Clos du Doubs genannten Gebiet, das in der Schweizer Schlaufe liegt, gab es einst besonders viele Mühlen, allein in Soubey waren fünf in Betrieb, sie waren der grösste Arbeitgeber des Dorfs. Von den meisten ist heute nichts mehr zu sehen, eine aber wurde mit viel Sorgfalt restauriert. Sie stammt aus dem 16. Jahrhundert und liegt nicht direkt am Doubs, sondern in 100 Metern Entfernung an einem Zufluss. Dessen Wasser speiste früher drei hintereinanderliegende Mühlen, die obere, die mittlere und die untere. Die untere Mühle fiel 1904 einem Brand zum Opfer, die obere, die lange Zeit eine Schmiede betrieb, wurde 1912 aufgegeben, die mittlere verarbeitete noch bis 1968 Getreide und hielt eine Sägerei am Laufen.

Ein Hochwasser im Jahr 1996 beschädigte dann auch diese letzte, noch halbwegs gut erhaltene Mühle des Trios. Das riesige Schaufelrad nahm Schaden, der Holzkanal, der ihm das Wasser zuführte, brach teilweise zusammen. 1998 wurden Restaurierungsarbeiten angegangen. 2003 kaufte ein Ehepaar aus Basel, das sich hier ansiedelte, den ganzen Mühlenkomplex und rief einen Verein ins Leben, der sich heute um den Erhalt der mittleren Mühle und ihrer Maschinerie kümmert. Das Schaufelrad wurde instandgesetzt, aus dem Holzkanal ergiesst sich das Wasser zwar noch anders als vorgesehen, aber das kümmert die Besucher wenig. Auch das Wohnhaus wurde renoviert, es wird gelegentlich für Konzerte und andere kulturelle Anlässe genutzt. Der Besitzer der Mühle ist Pianist und stellt seinen Flügel zur Verfügung.

Profitabler als jedes kulturelle Engagement ist die benachbarte Fischzucht, die seit 1960 das frische Wasser des Bachs nutzt: Sie bietet Forellen und Karpfen an.

Adresse Les Moulins, 2887 Soubey | **Anfahrt** von La Chaux-de-Fonds Richtung Delémont, nach 30 Kilometern am Ortsende von Montfaucon links abzweigen, von Soubey noch 1 Kilometer in Richtung Les Enfers | **Tipp** Kurz bevor man über Les Enfers die Hauptstrasse nach Delémont erreicht, steht links ein Wäldchen. Ein Kreuz erinnert an die hier anonym begrabenen Pesttoten aus der Zeit des Dreissigjährigen Kriegs (1618–1648).

103 Der Felsentunnel

Der römische Vorläufer der Transjurane

Lange war umstritten, ob es sich um einen natürlichen Tunnel handelt oder ob der Felsendurchbruch ein Werk der Römer ist. Sowohl als auch – heute hat sich die Forschung darauf geeinigt, dass die Römer hier einen von der Natur geschaffenen Tunnel für ihre Zecke erweiterten. Die Schrift über dem Felsentor weist Marcus Dunius Paternus als Bauherrn aus, der als einer von zwei Magistraten in der Kolonie Aventicum, dem heutigen Avenches, im Namen des Kaisers regierte. Eine römische Strasse verlief hier bereits im 1. Jahrhundert, die Inschrift bezieht sich vermutlich auf eine Erweiterung des Felsenlochs um das Jahr 200.

Die Route über den nur auf 827 Meter Höhe liegenden Pierre-Pertuis-Pass war im römischen Strassennetz ein Zubringer für gleich zwei Militärstrassen, die eine verband die beiden Kolonien Avenches und Kaiseraugst bei Basel miteinander, auf der anderen gelangte man von Besançon zur römischen Rheinbrücke im elsässischen Kembs. Der genaue Verlauf der Strasse über den Pierre-Pertuis-Pass ist heute nicht mehr zu rekonstruieren. Spätere, mittelalterliche Wege hinterliessen in der Nähe ebenfalls ihre Spuren. Im September 1779 überquerte Dichterfürst Goethe den Pass, damals frischgebackener Geheimrat und nebenbei Direktor des Wegebaus. Begleitet wurde er von seinem Gönner und Dienstherrn Carl-August, Grossherzog eines kleinen Fürstentums. In seinem Reisebericht schwärmt Goethe von der Natur des Juras, über den Felsentunnel verliert er kein Wort; vielleicht hat er ihn ganz einfach übersehen.

Noch bis ins 20. Jahrhundert führte die Passstrasse mitten durch den Felsentunnel, 1932 dann wurde die enge Stelle mit einer neuen Strassenführung umgangen, und seit 1997 rollt der Verkehr als Teil der Autobahn «Transjurane», die quer über den Jura verläuft und das schweizerische Autobahnnetz mit dem französischen verbindet, durch einen Tunnel unter dem eindrucksvollen Felsenloch. Das Werk von Marcus Dunius Paternus bleibt Spaziergängern vorbehalten.

Adresse 2710 Tavannes | ÖV Bahnhof Tavannes, am Ortsende bei Aldi alle Strassen überqueren und circa 15 Minuten den Fussweg hochgehen, nicht ausgeschildert | Tipp Direkt unterhalb des Fusswegs hütet ein kleines Gebäude die eingefasste Quelle der Birs. Ein Blick durchs Schaufenster lohnt sich.

104 Der Garten der Minenarbeiter

Ein interaktives Biotop

Gut möglich, dass im schmalen Streifen zwischen den Gebäuden der Asphaltfabrik und der Areuse die Minenarbeiter einen Garten unterhielten. Davon ist heute allerdings nichts mehr zu sehen, die unrentabel gewordene Mine schloss 1986 endgültig ihre Tore. Deren letzter Direktor sah die Zukunft des Orts nicht mehr im Abbau des Asphalts, sondern im Tourismus. Er hatte die Nase im Wind: Bis zu 30.000 Besucher begeben sich jährlich in das Labyrinth der Stollen. Wenn sie dann wieder ans Tageslicht kommen, erfreuen sie sich nicht selten an einem Spaziergang durch den «Jardin des Mineurs», wie das 2019 angelegte Biotop zu Ehren der Bergarbeiter getauft wurde.

Der Spaziergang beginnt gegenüber dem Café des Mines und führt über die alten Schienen, auf denen noch eine Lore steht, in ein Wäldchen hinein. Sieben didaktische Stationen informieren über Flora und Fauna. Wer die interaktive Variante des Besuchs bevorzugt, leiht sich an der Rezeption ein Tablet aus, Pass hinterlegen genügt. Dann dauert der Rundgang ungefähr eine Stunde. Wer ohne digitale Begleitung spaziert, ist in einer halben Stunde zurück, sofern er nicht zu viel Zeit verliert, das Geäst nach den versprochenen Vögeln oder den kleinen Teich nach Fröschen abzusuchen.

Mit oder ohne Tablet, der Garten der Mineure lädt zu einem angenehmen Spaziergang ein, die Informationstafeln sind teils recht amüsant: Ist der Nestbau mit «fuss- oder schnabelfertigen Materialien von Erfolg gekrönt, so ist es Zeit, an die Paarung zu denken». Unter dem Titel «Das Essen ist fertig» spürt der Besucher vielleicht selbst einen leisen Hunger. Für diesen Fall steht unterwegs ein Picknickplätzchen zur Verfügung – oder man setzt sich ins Café des Mines und bestellt dort einen im Asphalt gegarten Schinken, die Spezialität des Hauses.

Adresse Site de la Presta, 2105 Travers | ÖV Bahnstation La Presta Mines d'asphalte (Halt auf Verlangen) | Tipp In Travers weiden Wasserbüffel; der Hofladen «Le Petit Buffle» verkauft regionalen Mozzarella (von Travers 1,5 Kilometer Richtung Neuchâtel, beim Hôtel Crêt de l'Anneau links, täglich 7–22 Uhr).

105 Das Musée de la Banderette

Wo Frau Beethoven im Wolfspelz posiert

Ein Museum, abgelegen auf 1.061 Meter Höhe, wo man eher auf Wanderer als auf Stadtflaneure trifft – das weckt die Neugier. Das Musée de la Banderette verdankt sich dem Club Jurassien, der 1946 den ehemaligen Bauernhof erwarb und für seine Zwecke umgestaltete. Die «Sektion Soliat» des Clubs, benannt nach dem nahen Juragipfel, machte das Chalet zu ihrem Stammsitz. Clubmitglieder treffen sich hier oder veranstalten private Feiern. Der Getränkeraum ist voll, im temperierten Weinschrank liegen gute Tropfen, sicher findet sich auch ein guter Absinth. Die Küche ist gut in Schuss, der grosse Speisesaal einladend, und hinter dem Haus locken Boulebahnen.

Das vom Club 1960 gegründete Museum befindet sich im Obergeschoss und ist in erster Linie der einheimischen Fauna gewidmet: vom Wildschwein bis zum Eichhörnchen, von der Gämse und dem Steinbock bis zu Iltis, Dachs, Fuchs und Luchs – kein Tier, das in der Region kreucht oder fleucht, fehlt, auch nicht die Wildkatze, der «Tiger der Wälder». Von der Decke hängen Raubvögel, viel anderes Gefieder blickt den Besucher aus Vitrinen an. Der Star der Ausstellung wurde aus einem Walliser Zoo importiert und starb eines natürlichen Todes: eine stolze Wölfin. Die Clubmitglieder sammelten 8.500 Franken, um in deren Besitz zu gelangen. Der Taxidermist, wie der Tierpräparator in der Fachsprache genannt wird, brachte sie persönlich vorbei. Wie «Beethoven» – so wird die Wölfin im Museum genannt – zu ihrem Namen kam, bleibt ein Geheimnis des Clubs.

Das Musée de la Banderette versammelt auf engstem Raum eine schier unendliche Menge an ausgestopftem Getier, ein klassisches naturhistorisches Museum könnte Säle damit füllen. Geologische Informationen und Gesteinsproben sind eher Zugaben dieses mit Engagement und Liebe zur Natur geführten Museums.

Adresse Chalet du Club Jurassien, 2105 Travers | Anfahrt in Travers die Areuse überqueren, nach der Brücke links, dann stets rechts, insgesamt 6 Kilometer | Öffnungszeiten Mai–Okt. So 9–18 Uhr, bei schönem Wetter meist auch Sa | Tipp Weiter oben serviert das Bergrestaurant Les Petites Fauconnières deftige Kost, zum Beispiel Rösti mit Schinken.

106 Der Galgen

Spuren des Grauens

Im bewaldeten Hügel, der von Valangin mit seinem markanten Schloss durch die Schlucht des Seyon getrennt ist, treffen Wanderer auf einen kleinen Picknickplatz mit Feuerstelle und Bank. Gleich daneben steht ein alter Grenzstein mit dem Wappen von Neuenburg auf der einen, dem von Valangin auf der anderen Seite. Kein Schild weist darauf hin, dass dieser einladende Ort im Mittelalter Schauplatz von Exekutionen war.

Nur ein paar Schritte vom Picknickplatz entfernt, zwischen den Felsbrocken leicht übersehbar, ragen zwei grosse, quadratisch behauene Steine aus dem Waldboden, von einem dritten sieht man nur die Oberfläche. Es sind die Sockel des Galgens von Valangin. Auf ihnen standen einst steinerne Säulen, über die ein hölzerner Querbalken gelegt wurde. Den Quellen zufolge hatte die Seigneurie von Valangin 1424 die Erlaubnis bekommen, einen Galgen zu errichten, und stellte ein Exemplar mit vier Säulen auf. Doch das gefiel dem Grafen von Neuenburg nicht, der mit dem Seigneur von Valangin regelmässig in Querelen verstrickt war. Verbürgt ist, dass der Graf dem Seigneur gleich nach Errichtung des Galgens befahl, innerhalb dreier Tage die Richtstätte wieder abzubauen, da vier Säulen nur den freien Reichsstädten gestattet seien. Auf Vermittlung des Basler Bischofs einigten die Kontrahenten sich schliesslich auf einen Galgen mit drei Säulen.

Die mittelalterliche Justiz war bekanntlich nicht zimperlich, Geständnisse wurden mit allen erdenklichen Foltermethoden erpresst. Hatte ein Mörder, ein Streithahn oder auch nur eine als Hexe verschriene, Kräuter suchende Heilerin einmal gestanden, so wurde das Opfer auf den bewaldeten Hügel gebracht und gehenkt. Die Leichen liess man zur Abschreckung tagelang baumeln, wenn sie nicht von selbst herunterfielen. Was die Verurteilten als letztes Bild mitnahmen, entzückt den harmlosen Wanderer: Weiter unten schimmert der Neuenburgersee.

Adresse 2042 Valangin | **Anfahrt** von La Chaux-de-Fonds auf der Autobahn Richtung Neuchâtel, von Valangin circa 30 Minuten zu Fuss, im Norden des Orts an der Landstrasse nach La Chaux-de-Fonds links durch den Fussgängertunnel, am Waldrand bei der Gabel links, dann bis zum höchsten Punkt gehen | **Tipp** Das Café du Château, am Fuss des Schlosses, hat nach vorne eine Terrasse zum Platz, im Inneren gibt die Rückseite den Blick auf den Seyon frei, der nach Neuenburg fliesst.

107 Die Schlossmauern

Mondfressende Monster in gesunden Gärten

Wer auf der Autobahn von Neuenburg nach La Chaux-de-Fonds fährt, sieht das auf einem Hügel thronende Schloss von Valangin eindeutig von seiner besten Seite. Luftaufnahmen zeigen ein etwas anderes Bild. Der stolze Bau nimmt kaum einen Drittel einer früheren Anlage ein, deren nördlicher Teil fast vollständig bei einem Brand 1747 zerstört wurde und nicht mehr erhalten ist. Der gesamte Komplex ist doppelt ummauert.

Zwischen den restaurierten Wällen ist ein Spaziergang rund um die Festung möglich. Eine erste Aufwertung erfuhr der Rundweg durch den Bildhauer Gaspard Delachaux, dessen steinerne Skulpturen den 2011 eröffneten «Jardin Mangelune» (Mondfressergarten) bilden. Es sind monströse Kreaturen, mit Hörnern oder ohne, urzeitlich anmutende, hybride Wesen aus Mensch und Tier oder Pflanzen, die jeden Spaziergänger überraschen. 2021 wurde der Skulpturenpark durch den «Valanjardin» ergänzt. Dieser fasst neun von mittelalterlichen Vorbildern inspirierte Gärten zusammen, die ebenso disparat auf den Rundgang verteilt sind wie die grauen Ungeheuer. Rund 200 verschiedene Pflanzen sind im Gemüsegarten, im wilden Garten, im Obstgarten und in anderen Gärten versammelt. Keine tropischen Gewächse, sondern alles Pflanzen, die unter den klimatischen Bedingungen von Valangin gedeihen oder gedeihen könnten. Wie in botanischen Gärten üblich, verraten Schildchen, welcher Familie eine Pflanze zugehört, wie ihr wissenschaftlich-lateinischer Name lautet, wie sie auf Französisch und auf Deutsch heisst, manchmal auch, wozu sie im ausgehenden Mittelalter nützlich war.

Wer sich zu lange in die botanische Welt vertieft hat und den Blick nach oben wendet, wird vielleicht von einem Ungeheuer überrascht, das herunterstarrt – eher rätselhaft wie eine Sphinx als bedrohlich. Zwei grundverschiedene Gartenkonzepte, die eine geglückte Verbindung von Natur und Kultur eingehen.

Adresse Le Bourg 24, 2042 Valangin | **Anfahrt** von La Chaux-de-Fonds auf der Autobahn Richtung Neuchâtel, Ausfahrt Valangin | **Öffnungszeiten** März–Okt. täglich 8–19 Uhr | **Tipp** Im Schloss Valangin ist eine ethnografische und historische Ausstellung auf drei Etagen zu sehen (März–Okt. Mi–Sa 13–17 Uhr, So 11–17 Uhr).

108 Das Eisen- und Eisenbahnmuseum

Erst geschmiedet, dann gefeilt

In der Orbe drehen sich riesige Schaufelräder, die über viel Gestänge, Transmissionsriemen und Zahnräder die Wasserkraft ins Museum hineintragen. Die wiederkehrenden Bewegungen und Geräusche erzeugen eine besondere Stimmung. Wenn dann noch ein richtiger Schmied am Amboss vor dem Feuer steht, ist das Bild perfekt.

Das Eisen- und Eisenbahnmuseum belegt heute die Örtlichkeiten der «Grandes Forges», wo schon im 15. Jahrhundert die Schmiede hämmerten. Damals war Vallorbe ein Zentrum der Eisenverarbeitung. Im 17. Jahrhundert zählte das Städtchen drei Hochöfen und rund 30 Schmieden, die Produktion von Gusseisen lief auf vollen Touren – allerdings nicht sehr lange. Die Erzvorkommen wurden weniger, die Konkurrenz, vor allem aus der Franche-Comté wurde erdrückend, in Vallorbe musste man umdenken. Die Lösung lag in der Diversifizierung und Spezialisierung. Die Hochöfen verschwanden, die Schmiede wurden zu Schlossern, Huf- oder Nagelschmieden. Einen besonderen Ruf erreichten die bei den Uhrmachern geschätzten Präzisionsfeilen aus Vallorbe.

Was in den Schmieden von Vallorbe alles hergestellt wurde, ist in den Räumen des Museums zu sehen: Sägeblätter, Hämmer, Zangen, Nägel und vieles mehr. Aufregender als die Ausstellung alter Werkzeuge ist es, dem Schmied im Museum beim Hämmern des glühenden Eisens zuzusehen. Die hergestellten Gegenstände werden im Museumsshop als Souvenir verkauft, und sei es auch nur ein grosser Nagel, dessen Entstehen aus einem Stück Metall man selbst mitbekommen hat.

Das Eisenbahnmuseum in der oberen Etage würdigt Vallorbe als Standort des nationalen und internationalen Schienenverkehrs. Interessanter als die Modelle, Uniformen und anderen Exponate sind hier die Wechselausstellungen.

Adresse Rue des Grandes-Forges 11, 1337 Vallorbe | ÖV Bahnhof Vallorbe, im Ortszentrum | Öffnungszeiten April–Okt. Di–So 10–18 Uhr, Nov.–März Di–Fr 13–17 Uhr, Sa, So 10–17 Uhr | Tipp Bei der Brücke vor dem Museum befindet sich «Artcadache», Keramikatelier und Galerie zugleich.

109_Die Grotten

Ein spektakulärer Spaziergang im Berg

Die Erforschung von Höhlen ist ein abenteuerliches Metier. Wer es professionell betreibt, muss nicht nur geologische und meteorologische Grundkenntnisse haben, sondern auch einen sportlich gestählten Körper. Er muss die Risiken abschätzen können, auf die er sich kriechend oder gar schwimmend einlässt. Als Belohnung zeigt ihm seine Stirnlampe eine Märchenwelt, für deren Schaffung die Natur Millionen von Jahren gebraucht hat.

Bei der Kartografierung des Höhlensystems kommt die abenteuerliche Erkundung dann oft in der Namensgebung zum Tragen. Da platzt den Speläologen gelegentlich eine poetische Ader. Galerien, Säle und Siphons erhalten in Vallorbe auf der Höhlenkarte so sonderbare Namen wie «Siphon der Verzweiflung» (an den sich immerhin die «Galerie der Hoffnung» anschliesst), «Saal der 700 Herbstzeitlosen» oder «Galerie der falschen Wimpern». Manchmal endet ein Gang mit einem Fragezeichen – was dahinter liegt, ist noch nicht erforscht. Die für Touristen ohne Ausrüstung zugänglichen Abschnitte machen nur einen Bruchteil des komplizierten Höhlensystems aus. Aber der rund 40-minütige Spaziergang über die zahlreichen Treppen ist spektakulär genug. Von der Decke hängen Stalaktiten, teils dick und glänzend, teils dünn und transparent wie zarte Glasröhrchen; ihnen entgegen streben aus dem Boden Stalagmiten. Die in Jahrmillionen entstandenen Bizarrerien sind sehr dezent ausgeleuchtet und versetzen jeden Besucher ins Staunen. War die Orbe, die für diese Märchenwelt verantwortlich ist, am Anfang des Rundgangs noch als ruhiges Gewässer zu sehen, so hört man gegen Schluss ein zunehmendes Rauschen, der Fluss zischt jahraus, jahrein durch die Felsenwelt.

Die Temperatur beträgt konstant zehn Grad, ideal für die Lagerung von Käse – oder auch Whisky, wie die lokale Bierbrauerei La Concorde findet, die hier ihre neueste Kreation in Holzfässern reifen lässt.

Adresse Chemin des Grottes, 1337 Vallorbe | **ÖV** Bahnhof Vallorbe, von dort 35 Minuten zu Fuss | **Öffnungszeiten** März und Nov. täglich 13.30–16 Uhr, April, Mai und Sept., Okt. täglich 9.30–16.30 Uhr, Juni–Aug. täglich 9.30–17.30 Uhr | **Tipp** Die Mikro-Brauerei La Concorde im Ortsteil Le Day stellt auch Amaro, Gin und Whisky her, verwendet wird stets Quellwasser (Rue de la Torche 2, www.brasserielaconcorde.ch).

110__Der Juraparc

Wölfe und Bären im selben Gehege – geht das?

Der privat geführte Juraparc gehört zu den jüngsten Tierparks der Schweiz und unterscheidet sich von klassischen Zoos dadurch, dass er keine Artenvielfalt zeigt, sondern sich im Wesentlichen auf Wölfe, Bären und Bisons beschränkt. Dafür haben die Tiere auf neun Hektar Fläche ausreichend Platz, was vor allem die Wölfe schätzen: Ihr Revier wie auch das der Bären erstreckt sich bis zu einer bewaldeten Felswand, der natürlichen Grenze des Parks. Gelegentlich treffen im selben Gehege Wölfe und Bären aufeinander – ohne sich «ins Gehege» zu kommen.

Die Besucher beobachten die Tiere von einem rund einen Kilometer langen Steg aus, der drei Meter über dem Gelände verläuft. Im Revier der Wölfe ist ein Fernglas nützlich. Die Raubtiere sind scheu, und so verstreicht meist einige Zeit, bis man – Grau in Grau – vor einem Felsen ein Exemplar entdeckt, das womöglich gerade den Mittagsschlaf abhält.

Wesentlich unterhaltsamer sind die Bären, sie sind die wahren Stars des Naturparks. Verspielt wälzen sie sich am Boden, machen Männchen, nehmen ein Bad, mühen sich an einem morschen Baumstamm ab oder trollen sich mit leicht schaukelndem Gang auf ihren riesigen Tatzen davon. Nicht nur Kinder geniessen das Schauspiel. Informationstafeln geben Aufschluss über die Lebensgewohnheiten der Bären und auch über die Familienverhältnisse. So hat die 1996 geborene Ursina schon oft geworfen, jeweils Zwillinge oder Drillinge, wie das bei ihresgleichen üblich ist. Ihr derzeitiger, zwei Jahre jüngerer Lebenspartner Georg ist für die neueste Bärenbrut mitverantwortlich.

Die neun Tiere umfassende Bisonherde lebt von Wölfen und Bären getrennt. Die Wiederkäuer mit ihren mächtigen Schädeln können furchterregend daherkommen, sind aber friedfertig. Nebenbei sind sie die Lieferanten von Bisonsteaks, Bisonsalami, Bisontatar und anderen Bisonspezialitäten, die im Restaurant des Parks auf den Teller kommen.

Adresse Route de la Vallée de Joux 3, 1337 Vallorbe | **Anfahrt** von Vallorbe knapp 5 Kilometer Richtung Lac de Joux | **Öffnungszeiten** täglich 9 Uhr bis Sonnenuntergang | **Tipp** Im circa vier Kilometer entfernten Les Charbonnières stellt Le Pélérin den regionalen Käse Vacherin Mont d'Or her. Neben dem Verkaufsladen wurde ein kleines Museum eingerichtet.

111 Der Viadukt

Ein Meisterwerk des Eisenbahnbaus

Grosser Menschenauflauf am 22. Juli 1869: 20 kräftige Männer ziehen über Rollen und Winden das 356 Tonnen schwere Stück Fahrbahn, das auf einer Höhe von 53 Metern das Tal der Orbe überqueren soll, an die richtige Position – mit einer Geschwindigkeit beziehungsweise Langsamkeit von zwölf Zentimetern pro Minute. Ein Jahr später ist der Viadukt fertiggestellt, Vallorbe bekommt einen kleinen Bahnhof, die Eisenbahnlinie ins nördlich von Lausanne gelegene Daillens kann eröffnet werden.

Der «Viaduc du Day», damals der höchste Viadukt Europas, markiert Vallorbes Eintritt ins Eisenbahnzeitalter. Die Entwicklung des nationalen Schienennetzes beschleunigte sich 1902 mit der Gründung der Schweizerischen Bundesbahnen (SBB), die anstelle diverser regionaler Eisenbahnkompagnien trat. 1906 war der Simplon-Tunnel nach Italien fertiggestellt, 1915 der Tunnel durch den Mont d'Or nach Frankreich, ab 1919 rollte der luxuriöse Simplon-Orient-Express von Paris über Vallorbe nach Istanbul – eine Alternative zum früheren Orient-Express, man wollte fortan deutschen und österreichischen Boden vermeiden.

Erst 1923 wurde die auf zwei Pfeilern ruhende Eisenbrücke zur heutigen Steinbogenbrücke umgebaut. Eine letzte Renovation erfuhr sie 2020, um den aktuellen Sicherheitsvorschriften zu genügen. Bei dieser Gelegenheit wurden auch gleich die 1.500 Kilogramm Sprengstoff aus dem Jahr 1970 entfernt, mit denen die Schweizer Arme im Kalten Krieg notfalls den schönen Viadukt in die Luft gejagt hätte, um eine Invasion fremder Mächte zu verhindern.

Fotografen machen einen kurzen Spaziergang zur Orbe hinunter und finden den idealen Standpunkt für das Bild: Unten der ruhige Fluss, weit oben spannt sich der Viadukt, dahinter zeigt sich das Juragebirge. Über den Viadukt fährt ab und zu ein Regionalzug, zweimal täglich sieht man den superschnellen TGV, der hier seine Fahrt nach Paris verlangsamt, er hält in Vallorbe.

Adresse 1337 Vallorbe | **ÖV** Bahnhof Vallorbe, von dort circa 30 Minuten zu Fuss, erst 2 Kilometer auf der Strasse Richtung Frankreich, dann rechts dem Schild «Usine des Jurats» folgen | **Tipp** Unter den Schienen des Viadukts befindet sich eine Passerelle für Fussgänger.

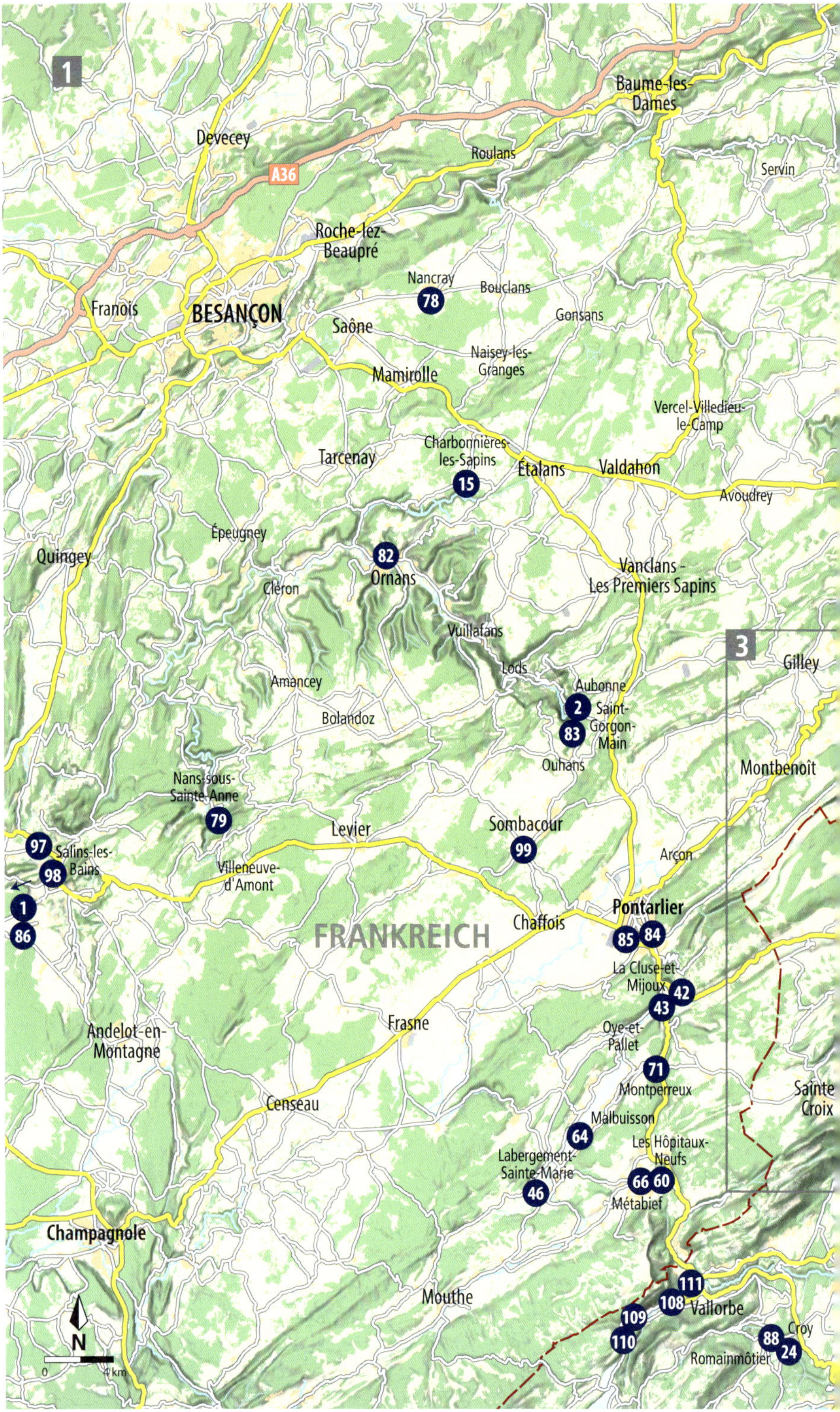
1
Devecey
Baume-les-Dames
Roulans
A36
Servin
Roche-lez-Beaupré
Nancray
78
Bouclans
Franois
BESANÇON
Saône
Gonsans
Naisey-les-Granges
Mamirolle
Vercel-Villedieu-le-Camp
Charbonnières-les-Sapins
Tarcenay
Étalans
Valdahon
15
Avoudrey
Épeugney
Quingey
82
Ornans
Vanclans - Les Premiers Sapins
Cléron
Vuillafans
3
Gilley
Lods
Amancey
Aubonne
2
Saint-Gorgon-Main
Bolandoz
83
Ouhans
Montbenoît
Nans-sous-Sainte-Anne
79
Levier
Sombacour
97
Salins-les-Bains
99
98
Villeneuve-d'Amont
Arçon
1
Pontarlier
Chaffois
86
FRANKREICH
85
84
La Cluse-et-Mijoux
42
43
Frasne
Andelot-en-Montagne
Oye-et-Pallet
71
Montperreux
Sainte Croix
Censeau
Malbuisson
64
Les Hôpitaux-Neufs
Labergement-Sainte-Marie
66
60
46
Métabief
Champagnole
111
Mouthe
108
Vallorbe
109
N
Croy
110
88
24
0
4 km
Romainmôtier

2
4
FRANKREICH
SCHWEIZ
Pont-de-Roide-Vermondans
Villars-sous-Dampjoux
Saint-Hippolyte
Sancey-le-Grand
Belleherbe
Maîche
Damprichard
Fessevillers
Le Goumois
Saignelégier
Soubey
Montfaucon
Le Bémont
Bellelay
Pierrefontaine-les-Varans
Frambouhans
Charquemont
Le Noirmont
Les Breuleux
Tramelan
Tavannes
Sonceboz-Sombeval
Corgémont
Courtelary
Saint-Imier
Sonvilier
Consolation-Maisonnettes
Les Fins
La Chaux-de-Fonds
Morteau
Le Locle
La Neuveville
Bielersee
Erlach
A20
A5
Marin-Epagnier
Ins
Neuenburg/Neuchâtel
Cudrefin
Cortaillod
Murten
Portalban
Fleurier
Neuenburger See
Courtepin
A5
Estavayer-le-Lac
Payerne
Fribourg
A1
Yverdon-les-Bains
Villars-sur-Glâne
A1
A12
A9
Orbe
Chavornay
A1
A9
Romont
Moudon
N
0
4 km
101
102
27
47
91
89
3
29
90
103
19
18
17
94
100
59

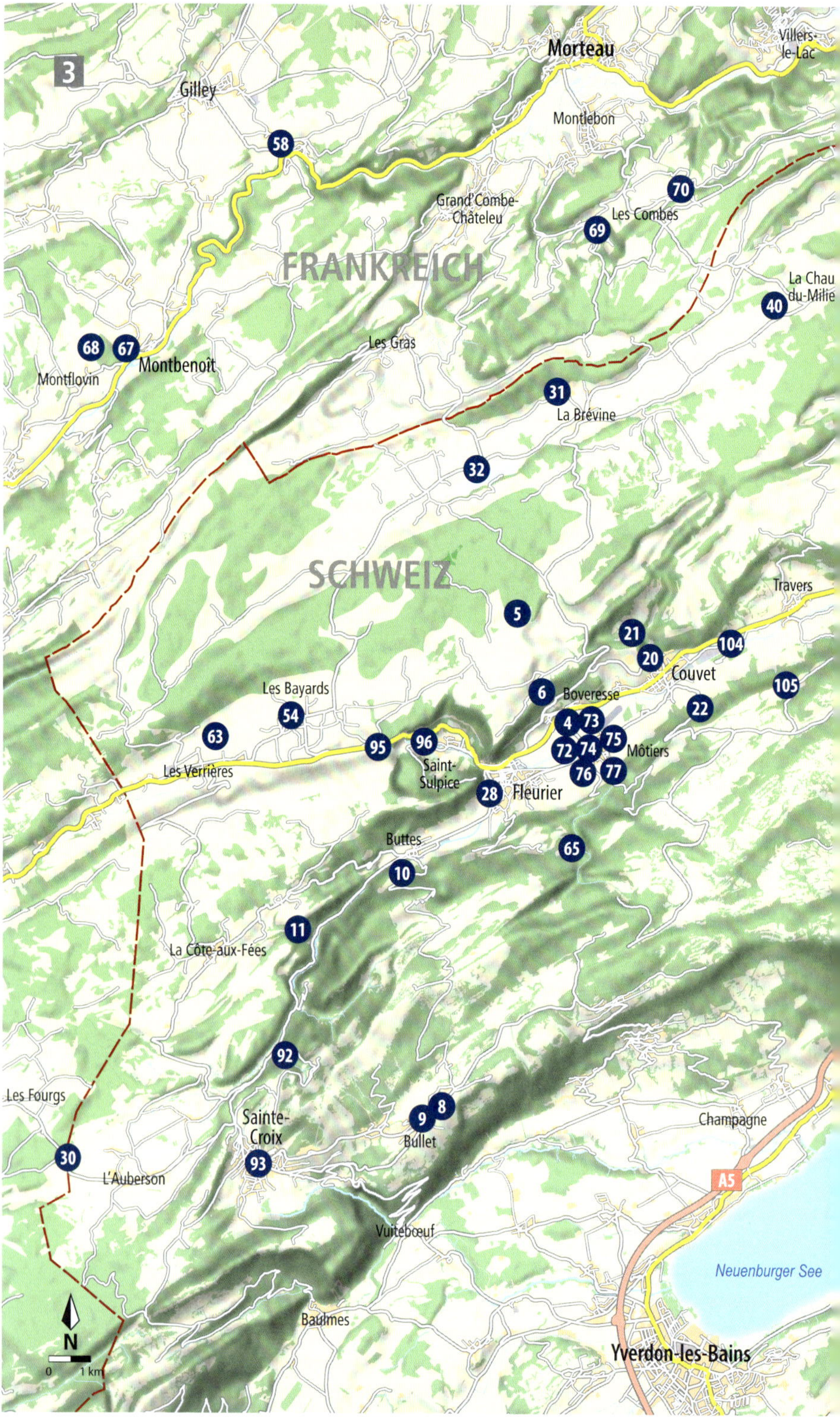
3
Gilley
Morteau
Villers-le-Lac
Montlebon
58
70
Grand'Combe-Châteleu
Les Combes
69
FRANKREICH
La Chaux-du-Milieu
40
Les Gras
68
67
Montbenoît
Montflovin
31
La Brévine
32
SCHWEIZ
Travers
5
21
104
20
Couvet
Les Bayards
6
Boveresse
105
54
4
73
22
63
95
96
75
72
74
Môtiers
Les Verrières
Saint-Sulpice
76
77
28
Fleurier
Buttes
65
10
11
La Côte-aux-Fées
92
Les Fourgs
8
9
Sainte-Croix
Bullet
Champagne
30
93
L'Auberson
A5
Vuiteboeuf
Neuenburger See
N
0
1 km
Baulmes
Yverdon-les-Bains

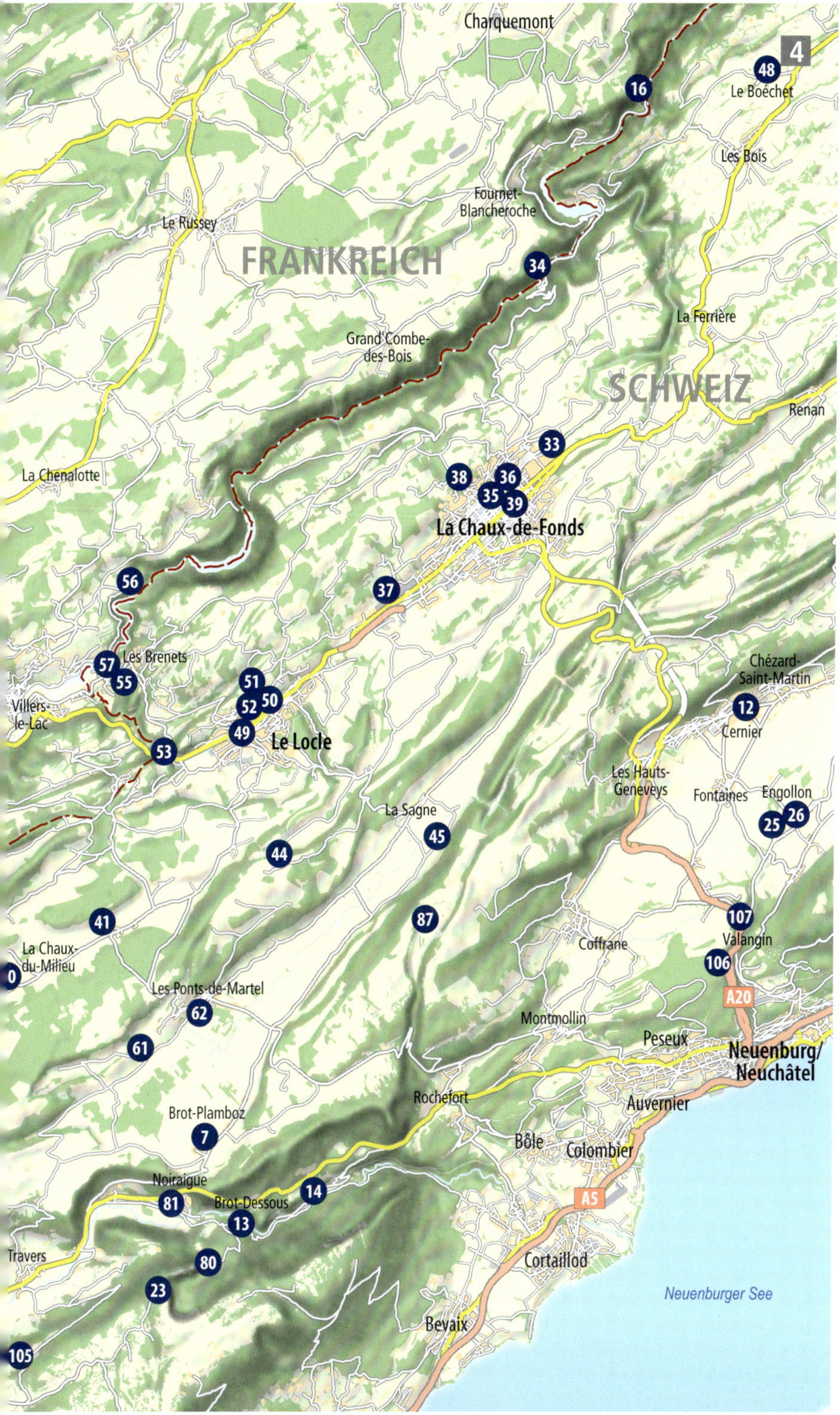
4
Charquemont
48
Le Boéchet
16
Les Bois
Fournet-Blancheroche
Le Russey
FRANKREICH
34
La Ferrière
Grand'Combe-des-Bois
SCHWEIZ
Renan
33
La Chenalotte
38
36
35
39
La Chaux-de-Fonds
56
37
Les Brenets
57
55
Chézard-Saint-Martin
51
50
52
Villers-le-Lac
12
49
Cernier
Le Locle
53
Les Hauts-Geneveys
Fontaines
Engollon
La Sagne
26
25
45
44
107
41
87
Valangin
La Chaux-du-Milieu
Coffrane
106
Les Ponts-de-Martel
A20
62
Montmollin
Peseux
Neuenburg/Neuchâtel
61
Rochefort
Auvernier
Brot-Plamboz
Bôle
Colombier
7
Noiraigue
14
Brot-Dessous
A5
81
13
Travers
80
Cortaillod
23
Neuenburger See
Bevaix
105

Benjamin Amiguet,
Marc Voltenauer
111 Orte in den Waadtländer Alpen, die man gesehen haben muss
ISBN 978-3-7408-1466-3

Franziska Weyer
111 Orte rund um den Genfersee, die man gesehen haben muss
ISBN 978-3-7408-1215-7

Christoph Schrahe,
Stefan Herbke, Thomas Biersack
111 Skipisten, die man gefahren sein muss
ISBN 978-3-7408-1600-1

Pierre Thomas
111 Schweizer Weine, die man getrunken haben muss
ISBN 978-3-7408-1301-7

Matz Kastning, Stefanie Knebel
111 Orte in Konstanz, die man gesehen haben muss
ISBN 978-3-7408-1207-2

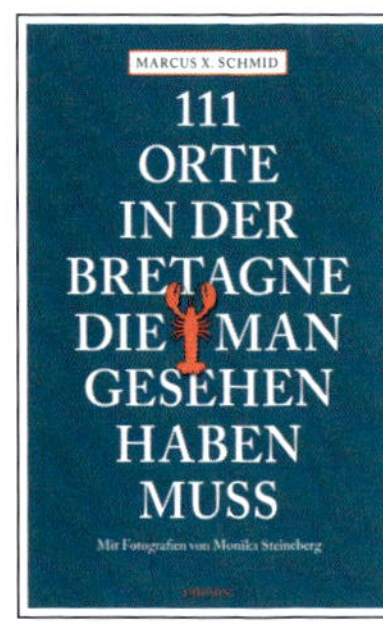

Marcus X. Schmid
111 Orte in der Bretagne, die man gesehen haben muss
ISBN 978-3-7408-1371-0

Cornelia Lohs
111 Orte in Bern, die man gesehen haben muss
ISBN 978-3-7408-1385-7

Silvia Schaub
111 Orte im Engadin, die man gesehen haben muss
ISBN 978-3-7408-1386-4

Marcus X. Schmid
111 Orte in Luzern und am Vierwaldstättersee, die man gesehen haben muss
ISBN 978-3-7408-1367-3

Patricia Szilagyi
111 extreme Orte in Europa, die man gesehen haben muss
ISBN 978-3-7408-0863-1

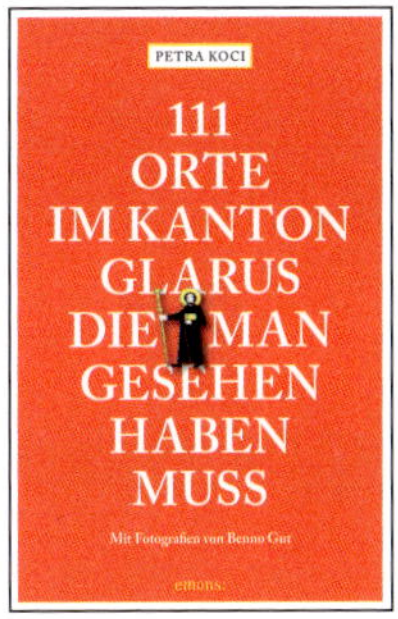

Petra Koci
111 Orte im Kanton Glarus, die man gesehen haben muss
ISBN 978-3-7408-1066-5

Christian Löhden
111 Orte in Graubünden, die man gesehen haben muss
ISBN 978-3-7408-1195-2

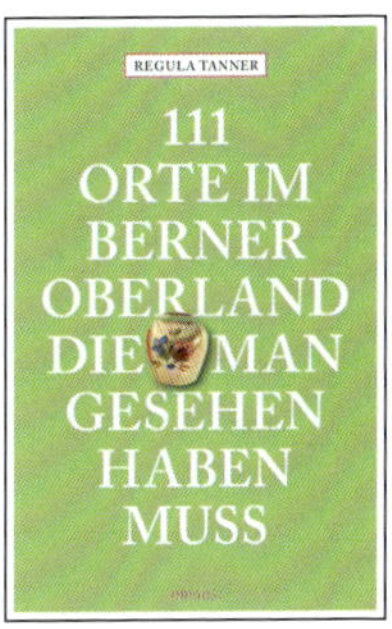

Regula Tanner
111 Orte im Berner Oberland, die man gesehen haben muss
ISBN 978-3-7408-1187-7

Christof Gasser, Barbara Saladin
111 Orte im Kanton Solothurn, die man gesehen haben muss
ISBN 978-3-7408-0975-1

Katharina Hohmann, Fritz von Klinggräff, Ambroise Tièche
111 Orte in Genf, die man gesehen haben muss
ISBN 978-3-7408-0835-8

Dietlind Castor
111 Orte am Bodensee, die man gesehen haben muss
ISBN 978-3-7408-1098-6

Silvia Götschi
111 Orte in Nidwalden, die man gesehen haben muss
ISBN 978-3-7408-0566-1

Silvia Schaub, Nina Kobelt
111 Orte rund um den Säntis, die man gesehen haben muss
ISBN 978-3-7408-0550-0

Oliver Schröter
111 Orte in Zürich, die man gesehen haben muss
ISBN 978-3-95451-538-7

Sonja Muhlert
111 Orte in und um Biel/Bienne, die man gesehen haben muss
ISBN 978-3-7408-0340-7

Monika Mansour
111 mystische Orte in der Schweiz, die man gesehen haben muss
ISBN 978-3-7408-0139-7

Mercedes Korzeniowski-Kneule
111 Orte in Basel, die man gesehen haben muss
ISBN 978-3-95451-702-2

Corinne Päper
111 Orte in Winterthur, die man gesehen haben muss
ISBN 978-3-7408-0237-0

Ursula Kahi
111 Orte im Aargau, die man gesehen haben muss
ISBN 978-3-95451-537-0

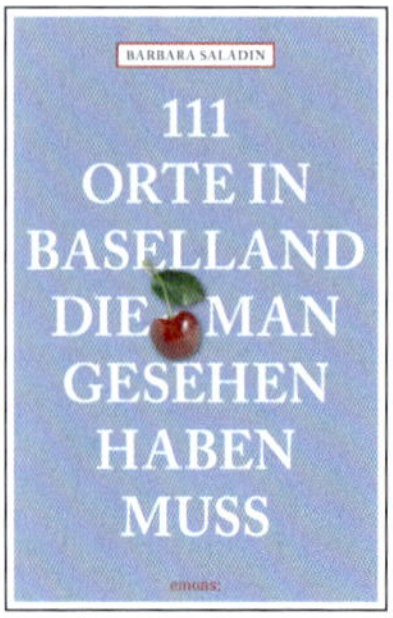

Barbara Saladin
111 Orte in Baselland, die man gesehen haben muss
ISBN 978-3-7408-0122-9

Silvia Götschi
111 Orte im Kanton Schwyz, die man gesehen haben muss
ISBN 978-3-7408-0116-8

Barbara Kemmer, Frank Schmitt
111 Orte in Luxemburg, die man gesehen haben muss
ISBN 978-3-7408-0857-0

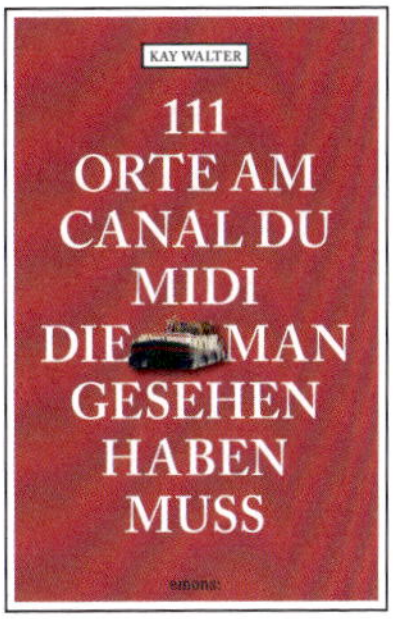

Kay Walter
111 Orte am Canal du Midi, die man gesehen haben muss
ISBN 978-3-7408-1086-3

Hilke Maunder
111 Orte in Toulouse, die man gesehen haben muss
ISBN 978-3-7408-1091-7

Martin Roos, Jean-Claude Bourgueil
111 Orte in der Champagne, die man gesehen haben muss
ISBN 978-3-7408-1084-9

Jo Berlien, Sabina Paries
111 Orte in Straßburg, die man gesehen haben muss
ISBN 978-3-7408-0576-0

Evelyn Pschak von Rebay
111 Orte in den Pyrenäen, die man gesehen haben muss
ISBN 978-3-7408-0562-3

Ralf Nestmeyer
111 Orte in der Provence, die man gesehen haben muss
ISBN 978-3-95451-094-8

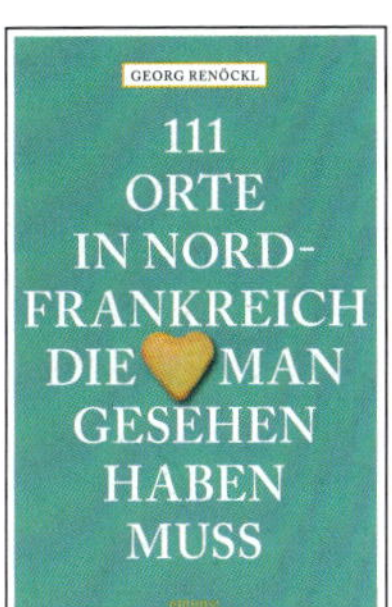

Georg Renöckl
111 Orte in Nordfrankreich, die man gesehen haben muss
ISBN 978-3-7408-0559-3

Sybil Canac, Renée Grimaud, Katia Thomas
111 Orte in Paris, die man gesehen haben muss
ISBN 978-3-95451-847-0

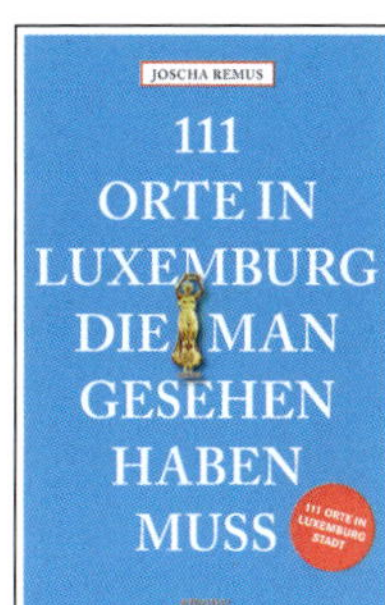

Joscha Remus
111 Orte in Luxemburg, die man gesehen haben muss
ISBN 978-3-7408-0363-6

Marcus X. Schmid, geboren 1950, wohnt seit über 30 Jahren im Neuenburger Jura. Er ist Autor zahlreicher Reisebücher und Übersetzer.

Michel Riethmann, geboren 1948, lebt in Les Bayards im Neuenburger Jura. Seit über 30 Jahren arbeitet er als unabhängiger Grafiker und Fotograf. Zu seinen weiteren Leidenschaften gehören die Illustration, das Reisen und die gute Küche.